Margot Müther

Bericht an den (VT)Gutachter

dgvt Verlag

Margot Müther

Bericht an den (VT)Gutachter

Schneller, leichter, kompetent

Materialie 63

Deutsche Gesellschaft für Verhaltenstherapie
Tübingen
2008
2. Auflage 2009

Korrespondenzadresse:

Dr. Margot Müther
Institut für Psychotherapie und Psychologisches Training
Flehbachstraße 66
51109 Köln

E-Mail: psycho-inst@t-online.de

Bibliografische Information der Deutschen Nationalbibliothek
Die Deutsche Nationalbibliothek verzeichnet diese Publikation in der Deutschen Nationalbibliografie; detaillierte bibliografische Daten sind im Internet über http://dnb.d-nb.de abrufbar.

dgvt-Verlag
Im Sudhaus
Hechinger Str. 203
72072 Tübingen

E-Mail: dgvt-Verlag@dgvt.de
Internet: www.dgvt-Verlag.de

Umschlaggestaltung: Winkler_Design, Wolfgang Winkler, Kusterdingen
Layout: VMR Monika Rohde, Leipzig
Belichtung: KOPP – desktopmedia, Nufringen
Druck: Druckerei Deile GmbH, Tübingen
Bindung: Nädele Verlags- und Industriebuchbinderei, Nehren

ISBN 978-3-87159-363-5

Inhalt

Anhang

Vorwort

Der „Bericht an den Gutachter" gehört wohl zu den meist gehassten Arbeiten in der psychotherapeutischen Praxis. Die stundenlange Plackerei sowie die schlechte Bezahlung mobilisieren starke Widerstände, und viele Therapeuten verschieben deshalb diese lästige Pflicht von einem Wochenende aufs nächste, was erstens die Wochenenden versaut und zweitens dazu führt, dass schließlich immer mehr Anträge wie eine Bugwelle durch den Alltag geschoben werden. Es soll schon Kollegen geben, die deswegen selbst einen Therapeuten aufsuchen oder aber schließlich ganz auf derartige Anträge verzichten und Behandlungen nach ca. 25 Sitzungen „abschließen".

Eine weitere problematische Notlösung ist die Einbeziehung eines sogenannten „Ghostwriters". Auch hier muss man meist die Erfahrung machen, dass ein hoher Zeitaufwand vonnöten ist, um den Schreibknecht zu instruieren und den dann vorgelegten Bericht in die Endfassung zu bringen. Der Ghostwriter, der die Abhängigkeit seines Auftraggebers spürt und selbst mit wachsender Unlust zu kämpfen hat, fordert gerne ein immer höheres Schmerzensgeld und wirft, sobald er eine Chance sieht für ein erfreulicheres Tätigkeitsfeld, die ungeliebte Arbeit hin.

Es soll jedoch tatsächlich auch Therapeuten geben, die das Abfassen des Berichts als gute Gelegenheit sehen, ihre Gedanken zu ordnen und Schritt für Schritt eine Fallkonzeption zu entwickeln, die sowohl ihnen selbst als auch ihren Patienten ein besseres Verständnis ermöglicht bezüglich der speziellen Entstehungsbedingungen eines Störungsbildes und seiner aufrechterhaltenden Bedingungen – als Voraussetzung für die Erarbeitung von realistischen Therapiezielen und gangbaren Einzelschritten zu deren Erreichung.

Der vorliegende Leitfaden soll dabei helfen, in jeden der erforderlichen acht bis neun Berichtpunkte einen schnellen Einstieg zu finden und die jeweils wesentlichen Gesichtspunkte klar zu strukturieren, sodass der lesende Gutachter möglichst rasch einen Überblick findet über Behandlungsnotwendigkeit des Patienten sowie Zweckmäßigkeit und Wirtschaftlichkeit der geplanten therapeutischen Maßnahme.

Der Leitfaden ist entstanden in Zusammenarbeit mit den Absolventen unseres VT-Ausbildungsinstituts (AVT Köln). Für Fragen, Anregungen und Kritik, die ich von meinen Kollegen erhielt, möchte ich herzlich danken.

Bedanken möchte ich mich auch bei Dr. Dieter Kallinke, der als Obergutachter viel Erfahrung hat mit abgelehnten Berichten und mit dem ich intensive Gespräche geführt habe bezüglich des formalen Aufbaus sowie inhaltlicher Schwerpunkte.

1 Richtlinien des Gutachterverfahrens und Konsequenzen für die Berichterstattung

1.1 Richtlinien der Bewertung

Seit 1987 ist die Verhaltenstherapie gemäß der Bundesmantelverträge zwischen Kassenärztlicher Bundesvereinigung (KBV) und den Ersatz- und Primärkassen bei allen Krankenkassen als drittes Richtlinienverfahren (neben der Analytischen und Tiefenpsychologisch fundierten Therapie) anerkannt. Die psychotherapeutische Behandlung muss bei den Krankenkassen beantragt werden, wobei das Gutachterverfahren der Feststellung der Leistungspflicht und der Qualitätssicherung dient (siehe Anhang 1: Auszüge aus den Psychotherapierichtlinien aus Faber/Haarstrick, 2005).

Der Gutachter hat anhand der Richtlinien, die ihm selbst vorgegeben sind, den Bericht des Therapeuten, der dem Antrag beigefügt ist, zu beurteilen gemäß dreier Kriterien:

1. **Liegt eine krankheitswertige Störung im Sinne des SGB V (5. Sozialgesetzbuch) vor**
   – oder handelt es sich – und das wäre ein Ablehnungsgrund – lediglich um eine Befindlichkeitsstörung? Die Definitionen für krankheitswertige Störungen finden sich in der ICD-10, wobei für jede Störung die diagnostischen Leitlinien vorgegeben sind. Diese sind Grundlage für die Beschreibung der Symptomatik (s.u. Punkt 3.1 Symptomatik).

2. **Erscheint das Behandlungskonzept zweckmäßig**
   – also baut hier ein plausibel konzipiertes Behandlungskonzept auf einem wissenschaftlich begründeten Störungsmodell auf? Die geplante Behandlung (s.u. Punkt 3.8) muss lege artis erfolgen und den aktuellen Forschungsstand widerspiegeln sowie die speziellen Risikofaktoren des Störungsbildes und individuellen Umstände des Patienten berücksichtigen.

3. **Ist die Behandlung wirtschaftlich**
   – was bedeutet, dass die geplanten Behandlungsziele im Rahmen von konkret maximal 80 Sitzungen zu erreichen sind. Die Behandlungsziele müssen hier nicht unbedingt auf Heilung ausgerichtet sein – was angesichts der konstitutionellen Mitbedingungen der meisten Störungen utopisch sein dürfte, sondern es wird realistischerweise zumeist eine Reduktion der Symptomatik angestrebt, wobei etwa bei chronischen oder infausten Krankheitsverläufen auch eine Linderung des Beschwerdebildes zweckmäßig und wirtschaftlich zu vertreten ist.

Diese drei Gesichtspunkte sollten vom Gutachter möglichst schnell im Bericht aufgefunden werden können und sind deshalb in den entsprechenden Unterpunkten deutlich herauszuarbeiten.

1.2 Bewilligungsschritte und Durchführungsmodalitäten

Für die Beantragung haben die Krankenkassen bestimmte **Formblätter** vorgesehen. Der Name des Patienten ist durch eine Chiffre zu ersetzen und sollte auch auf Klinikberichten etc. aus Gründen des **Datenschutzes geschwärzt** werden. Eine Übersicht über die zu verwendenden Formulare findet sich im Anhang 2.

Nach maximal **fünf probatorischen Sitzungen** (EBM-Ziffer: 35150):

1. Bewilligungsschritt im Normalfall:
   Langzeittherapie (LZT, EBM-Ziffer: 35221)
   45 Einzelsitzungen à 50 Minuten

2. Bewilligungsschritt „in besonders begründeten Fällen“:
   Fortführungsantrag (EBM-Ziffer: 35221)
   15 Einzelsitzungen à 50 Minuten

3. Bewilligungsschritt „bis zur Höchstgrenze im Ausnahmefall“:
   Fortführungsantrag mit Ergänzungsbericht (EBM-Ziffer: 35221)
   20 Einzelsitzungen à 50 Minuten

4. Seit dem 01.01.2000 ist grundsätzlich auch die Kurzzeittherapie (**KZT**, EBM-Ziffer: 35220) gutachterpflichtig:
   25 Einzelsitzungen à 50 Minuten
   Allerdings kann der Therapeut nach 35 positiv beschiedenen Anträgen von seiner zuständigen Kassenärztlichen Vereinigung eine **Befreiung** von der **Berichterstattungspflicht** für Kurzzeitanträge erwirken.

5. Erweist sich eine Kurzzeittherapie als nicht ausreichend, so kann sie vor ihrem Ablauf umgewandelt werden in eine Langzeittherapie,
   Umwandlungsantrag: 20 Sitzungen à 50 Minuten (= LZT-EBM: 35221),
   sodass ein **Gesamtkontingent von 45 Sitzungen** entsteht.

Die genehmigten Einzelsitzungen können **halbiert werden (auf 25 Minuten)**, wodurch sich ihre Anzahl verdoppelt, oder sie können umgekehrt als **Doppelstunden** durchgeführt werden (bei dann halbierter Gesamtzahl).

Für **Konfrontationsübungen** (Expositionen in vivo, wie bei Phobien und Zwängen üblich) können **pro Behandlungstag zwei Doppelsitzungen** durchgeführt werden (also 200-minütige Sitzungen).

Kontingente für Einzelsitzungen können (in Kombination mit Einzelsitzungen) auch als **Gruppentherapie** genutzt werden, wobei die in der Gruppentherapie erbrachte Doppelstunde (à 100

Minuten), im Gesamtkontingent als Einzelstunde gezählt wird (also z. B. 25 Sitzungen gemäß EBM-Ziffer 35221 + 20 Sitzungen à 100 Minuten gemäß EBM-Ziffer 35223 = LZT). Da der Therapeut bei Antragsstellung oft nicht wissen kann, ob er genügend gruppengeeignete Fälle zusammenbekommt, kann er auf dem Formular PTV 2 vermerken, dass **gegebenenfalls Gruppentherapie** durchgeführt wird, eventuell mit Hinweis auf das Schreiben der KBV vom 05.10.2006. Auch gruppentherapeutische Maßnahmen müssen im Bericht bezüglich Zielsetzung und Verfahren beschrieben werden.

Besteht nach Ablauf der Behandlungszeit – etwa bei kleineren Rückfällen oder zur weiteren Stabilisierung – noch weiterer Behandlungsbedarf, für den kein reguläres Stundenkontingent mehr vorhanden ist, so kann für einen speziellen Patienten jeweils **15 Mal im Quartal** die **EBM-Ziffer 23220** abgerechnet werden, die eine Dauer von zehn Minuten umfasst. Diese zehnminütigen Sitzungen können natürlich auch zu kompakteren Einheiten zusammengefasst werden.

Bei **Kindern und Jugendlichen** (bis zum vollendeten 21. Lebensjahr) können für die **Einbeziehung von Bezugspersonen** zusätzliche Sitzungen (in der Relation maximal von 4:1) beantragt werden.

Therapeuten in der Ausbildung oder solche, die zur kassenärztlichen Versorgung erst neu zugelassen worden sind, wählen fast immer den Antrag auf LZT. Angesichts der Komplexität und der oft auch mehr oder weniger starken Chronifizierung der meisten psychischen Krankheiten sind 25 Sitzungen zumeist nicht ausreichend, um ein befriedigendes Behandlungsergebnis zu erzielen, zumal **die Richtlinien für KZT ausdrücklich für nur drei Indikationen vorgesehen sind:** als Behandlungsverfahren mit voraussichtlich ausreichendem Behandlungserfolg, zur Überprüfung der Indikation für eine LZT und als Sofortmaßnahme zur Krisenintervention; siehe Punkt 4.1.
Im Gutachterverfahren bilden Kurzzeitberichte deshalb mit ca. 6 % die Ausnahme.

Bei Therapeuten, die bereits die Befreiung von der Berichterstattung für Kurzzeitanträge erlangt haben, verhält es sich umgekehrt. Der größte Teil dieser Kollegen beginnt hier erst einmal mit einer KZT und schreibt dann erst, nach ca. 20 Sitzungen, einen Umwandlungsantrag. Dies ermöglicht ihnen, den schnellen Einstieg in die Behandlung (Krisenintervention) sowie einen wesentlich fundierteren Bericht zu schreiben als nach fünf probatorischen Sitzungen, in denen neben der Abklärung der Diagnose, der Erhebung der Anamnese und Erarbeitung der Verhaltensanalyse auch viele organisatorische Fragen mit dem Patienten geklärt werden müssen.

Im vorliegenden Leitfaden wird deshalb der Erstbericht zur LZT, der im Wesentlichen identisch ist mit dem Erstbericht zum Umwandlungsantrag, an vorrangiger Stelle behandelt.

2 Voraussetzungen für die Berichterstattung

Bevor die ersten Sätze des Berichts geschrieben werden, ist gedanklich eine **übergeordnete Fallkonzeption** zu erstellen.

Hierzu dienen:

a) **Exploration der Symptomatik**
   - ➢ physiologische, kognitive, emotionale und verhaltensmäßige Aspekte
   - ➢ erstmaliges Auftreten und Verlauf
   - ➢ Intensität, Dauer, Häufigkeit
   - ➢ Auswirkungen auf die Lebensgestaltung

b) **Testpsychologische Abklärung**
   Gut evaluierte Verfahren zur Eingangsdiagnostik sind etwa SCL-90-R (aktuelle Befindlichkeit), sowie standardisierte Interviewleitfäden wie DIPS oder SKID. Eine Übersicht über häufig verwendete standardisierte Verfahren findet sich auf der folgenden Seite.

c) **Erhebung der lebensgeschichtlichen Entwicklung und Krankheitsanamnese**
   Bei der Erhebung dieser Daten, die in einer entspannten, dem Patienten zugewandten Atmosphäre erfolgen sollte, die auch der therapeutischen Beziehung förderlich ist, sind besonders herauszuarbeiten:

   - ➢ die **Risikofaktoren,** die für das in Frage kommende Störungsbild bekannt sind – etwa genetische Faktoren bei Psychosen oder bindungsrelevante Deprivationserlebnisse bei übererregbaren Patienten, Borderline-Störungen etc.

   - ➢ **Biographisch begründete Einstellungen und Bewältigungsstrategien,** die geeignet waren, die Störung weiter auszubilden (etwa maladaptive Glaubenssätze oder Vermeidungsverhalten etc.), die die Störung gegenwärtig aufrechterhalten und im Therapieplan besonders berücksichtigt werden müssen.

   - ➢ **Ressourcen,** deren Herausarbeitung geeignet ist, Selbstvertrauen und Veränderungsmotivation des Patienten zu stärken, und sich positiv auswirken bezüglich der Prognose.

Störungsübergreifende Fragebogenverfahren	
Symptom Checkliste Franke, G. H. (1995). *Eine deutschsprachige Version der Symptom Checklist-90-R von L.R. Derogatis*. Göttingen: Beltz Test. **Brief Symptom Inventory** Franke, G.H. (2000). *Kurzfassung der SCL-90-R*. Göttingen: Beltz Test.	**SCL-90-R** **BSI**
Inventar zur Erfassung interpersonaler Probleme Horowitz, L.M., Strauß, B. & Kordy, H. (2000). *Inventar zur Erfassung interpersonaler Probleme. Deutsche Version* (2. überarb., neu normierte Aufl.). Göttingen: Hogrefe Verlag.	**IIP-D**
Freiburger Persönlichkeitsinventar Fahrenberg, J., Hampel, R. & Selg, H. (2001). *Das Freiburger Persönlichkeitsinventar* (7. überarb., neu normierte Aufl.). Göttingen: Hogrefe Verlag.	**FPI-R**

Störungsübergreifende Interviewleitfäden	
Strukturiertes Klinisches Interview nach DSM-IV Wittchen, H.-U., Zaudig, M. & Fydrich, T. (1997). *SKID. Strukturiertes Klinisches Interview für DSM-IV. Achse I und II*. Göttingen: Hogrefe Verlag.	**SKID-I und SKID-II**
Diagnostisches Interview bei psychischen Störungen Margraf, J., Schneider, S. & Ehlers, A. (Hrsg.). (1991). *Diagnostisches Interview bei psychischen Störungen (DIPS)*. Berlin: Springer Verlag.	**DIPS**

Störungsspezifische Fragebogenverfahren	
Beck-Depressions-Inventar Hautzinger, M., Bailer, M., Worall H. & Keller, F. (1995). *Beck-Depressionsinventar (BDI); Testhandbuch* (2. Aufl.). Bern: Verlag Hans Huber.	**BDI**
Das Stait-Trait-Angstinventar Laux, L., Glanzmann, P., Schaffner, P. & Spielberger C.D. (1981). *Das Strait-Trait-Angstinventar.* Weinheim: Beltz Verlag.	**STAI**
Screening für Somatoforme Störungen Rief, W., Hiller, W. & Heuser, J. (1997). *SOMS. Screening für somatoforme Störungen*. Göttingen: Hogrefe Verlag.	**SOMS**
Impact of Event Scale (revidierte Form) Maercker, A. & Schützwohl, M. (1998). Erfassung von psychischen Belastungsfolgen: Die Impact of Event Skala – revidierte Version (IES-R). *Diagnostica, 44* (3), 130–141.	**IES-R**

Hilfreich für die Erhebung der lebensgeschichtlichen Daten ist oft ein **strukturierter Lebensfragebogen,** der dem Patienten **vor der Anamneseerhebung** mitgegeben wird. Auf diese Weise hat er Gelegenheit, biographische Daten wie etwa Unfälle, Krankheiten, Klinikaufenthalte, Medikamente etc. in aller Ruhe nachzuschlagen und zur nächsten Sitzung mitzubringen (s. Anhang 3: Lebensfragebogen).

Nach Abklärung der Symptomatik und Anamneseerhebung sollte die Festlegung der **Diagnose erfolgen in Übereinstimmung mit den Kriterien der ICD-10** sowie mit den Angaben im ärztlichen Konsiliarbericht.

Die Leitlinien der ICD-10 definieren verbindlich, was gemäß Richtlinien eine krankheitswertige Störung ist, die die Leistungspflicht der Krankenkassen begründet.

Von der **Diagnose** aus führt der nächste Schritt zum **Störungsmodell:** Bildlich gesprochen folgt hier dem Griff nach der ICD-10-Liste der Griff ins Bücherregal etwa zum ***„Lehrbuch der Psychotherapie"*** **der CIP-Medien von Leibing, Hiller und Sulz (2005)** oder zu den **„blauen Büchern" von Hogrefe „Fortschritte der Psychotherapie",** in denen jeweils passend zur Diagnose das komplexe Störungsmodell beschrieben wird. Auf ca. 70 Seiten pro Band werden hier von den maßgeblichen Dozenten und Praktikern der Verhaltenstherapie die jeweils aktuellen Kenntnisse referiert bezüglich der charakteristischen Krankheitsbilder, ihrer Ätiologie (so weit diese bekannt ist) sowie der wissenschaftlich begründeten Behandlungsverfahren. Die Reihe **„Fortschritte der Psychotherapie"** kann abonniert werden und bildet somit auch eine kontinuierliche Möglichkeit fachlicher **Fortbildung.**

Von den Ausbildungsinstituten empfohlen werden auch andere Lehrbücher der Verhaltenstherapie wie Margraf (2000), Reinecker (1999), Rief, Exner und Martin (2006), siehe Literaturliste im Anhang.

Wie der Name „Bericht an den Gutachter" bereits sagt, handelt es sich dabei um ein **Instrument der Kommunikation** an ein bestimmtes Gegenüber. Diese wird auch durch so simple Details erleichtert wie ein gut lesbares Schriftbild und ein korrekt ausgefülltes PTV 2 Formular mit Angaben über bereits durchgeführte bzw. neu geplante Maßnahmen.

Der Gutachter hat, wie schon eingangs erwähnt, den Bericht gemäß der Behandlungsnotwendigkeit, Zweckmäßigkeit und Wirtschaftlichkeit zu überprüfen und möchte die hierfür relevanten Faktoren möglichst zügig aus dem Bericht herauslesen.

Die relevanten Informationen sind deshalb auf allen **drei bis maximal vier Seiten** des Berichts möglichst plastisch hervorzuheben und Irrelevantes ist wegzulassen, sodass das **typische in der Literatur beschriebene Störungsmodell** in den wesentlichen Punkten zur **Deckung gelangt mit dem individuellen Krankheitsbild** unseres Patienten. Wenn dieses nicht möglich ist, sind **differentialdiagnostische Überlegungen** anzustellen.

3 Aufbau des Berichts zum Erstantrag auf Langzeittherapie

Viele Therapeuten setzen dem Punkt 1 (Symptomatik) einen Punkt Null voraus, in dem die aktuellen Lebensumstände des Patienten dargestellt werden, die der Therapeut meist schon auf seinem Anmeldebogen erfasst wie beispielsweise **Alter, Beruf, Familienstand, Zuweisungsmodus.**

0. Angaben zur Person

Beispiele:

- Der 43-jährige gelernte Schlosser ist zurzeit arbeitslos und wohnt mit Frau und drei Kindern in einem Reihenhaus. Er wurde vom Hausarzt überwiesen.
- Die 23-jährige Friseurin lebt bei ihren Eltern und wurde vom Internisten überwiesen.
- Die 64-jährige Rentnerin ist Witwe und lebt im eigenen Haushalt. Sie kam aus eigener Initiative zur Behandlung.

3.1 Angaben zur spontan berichteten und erfragten Symptomatik

Im Informationsblatt der KBV zum Erstellen des Berichts für Verhaltenstherapie (Anlage 1 zum Bundesmantelvertrag für Ärzte, Stand 01.04.2005, Änderungen vom 30.10.2007, siehe Anhang 1) heißt es:

> *Schilderung der Klagen des Patienten und der Symptomatik zu Beginn der Behandlung – möglichst mit wörtlichen Zitaten ggf. auch Bericht der Angehörigen/Beziehungspersonen des Patienten.*
> *(Warum kommt der Patient zu eben diesem Zeitpunkt und durch wen veranlasst?)*

Bei der Symptombeschreibung sollte möglichst schon **im ersten Satz die Diagnose deutlich benannt werden,** sodass der Gutachter sofort sieht, um was für einen Fall es sich handelt. So weit Patienten bezüglich dieser Leitsymptomatik Leidensdruck empfinden, empfiehlt sich etwa folgende Formulierung:

Beispiele:

- Der Patient klagt über panikartige Angstzustände ...
- Der Patient klagt über starke Ängste in sozialen Situationen ...
- Der Patient klagt über heftige Angstattacken beim Überqueren von Brücken ...

- Der Patient klagt über anhaltende Depressionen ...
- Der Patient klagt über sich aufdrängende Zwangsgedanken ...
- Der Patient klagt über den Drang, sich über Stunden die Hände waschen zu müssen ...
- Der Patient klagt über ständige Angst vor wechselnden Krankheiten ...
- Der Patient klagt über immer wiederkehrende Herzschmerzen ohne belangvollen medizinischen Befund ...
- Der Patient klagt über fast tägliche Magen-Darm-Störungen ...
- Der Patient klagt über mehrfach wöchentlich auftretende starke Atemnot ...

Bei Störungen, bezüglich derer der Patient üblicherweise **keinen unmittelbaren Leidensdruck** mit der Diagnose verbindet – eine Patientin klagt zum Beispiel nicht über Magersucht –, kann wie folgt eingestiegen werden:

Beispiele:

- Die Patientin beschreibt eine Magersucht mit einem BMI von ...
- Die Patientin beschreibt eine Bulimie mit Überessanfällen und willkürlich herbeigeführtem Erbrechen (ca. dreimal die Woche) ...
- Die Patientin beschreibt eine Borderline-Störung mit inzwischen zwei Suizidversuchen und der Neigung, sich Schnittverletzungen an den Armen zuzufügen ...
- Der Patient beschreibt ein delinquentes Verhalten, dessentwegen er bereits vorbestraft ...

Ähnliches gilt für **Psychosen**. Auch hier wird der Patient kaum über aktuelle Wahnvorstellungen klagen. In der freien Praxis sieht man ihn üblicherweise erst, nachdem er medikamentös so weit eingestellt ist, dass Krankheitseinsicht besteht als Voraussetzung für ein therapeutisches Arbeitsbündnis. Der Einstieg in die Symptombeschreibung kann dann etwa so lauten:

Beispiel:

- Der Patient berichtet, es sei bei ihm erstmals vor zwei Jahren eine „schizophrene Psychose“ (so lautete die Diagnose des Klinikberichts, siehe Anlage) festgestellt worden ...

Der Benennung der Diagnose sollten die dazugehörigen Symptome folgen, und zwar hinsichtlich ihrer **physiologischen, emotionalen, kognitiven und verhaltensmäßigen Aspekte.** Dies kann in lockerer Reihenfolge geschehen, so wie es für den jeweiligen Patienten vordringlich bedeutungsvoll ist und teilweise in wörtlicher Rede. **Häufigkeit, Dauer und Intensität** der Symptomatik sollten so weit wie möglich **quantifiziert** werden.

Das **auslösende Ereignis** bzw. der anhaltende **Stressor** sollte, so weit ermittelbar, ebenfalls hier schon an vorderster Stelle genannt werden, damit sich der Gutachter sofort ein Bild machen kann von der Belastungssituation, in der der Patient steht.

Ebenfalls benannt werden sollten **wesentliche Auswirkungen** der Symptomatik für die Lebensgestaltung und die berufliche Laufbahn etc. des Patienten, wodurch schon **Verstärkerbedingungen** deutlich werden.

Beispiele:

➢ Die Patientin klagt über Depressionen mit starker Niedergeschlagenheit, Antriebslosigkeit und Inappetenz. Seitdem ihr Mann sie vor zwei Monaten verlassen habe, könne sie sich an nichts mehr freuen, sehe keinen Sinn mehr in ihrem Leben, „und morgens will ich gar nicht mehr aufstehen, sondern würde am liebsten den ganzen Tag im Bett bleiben". Während dieser Zeit habe sie fünf Kilo an Gewicht verloren (derzeitig 54 kg bei einer Körpergröße von 1,75 m), „und ich kann mich auch inzwischen bei der Arbeit kaum noch konzentrieren und mache immer mehr Fehler" ...

➢ Der Patient klagt über panikartige Angstzustände mit Herzrasen, Zittern, Schweißausbrüchen. Er habe dann das Gefühl, keine Luft mehr zu kriegen, „und dann denke ich, gleich stirbst du, kriegst einen Herzinfarkt, und ich war deswegen schon mehrfach in der Klinik oder habe den Notarzt gerufen". Dies sei ihm erstmalig passiert nach einer längeren Erkältungskrankheit. Aus Angst vor derartigen Anfällen könne er inzwischen kaum noch Autofahren, nur noch kurze Strecken ... habe Angst vor Restaurantbesuchen ... vor Theaterbesuchen ...

➢ Die Patientin klagt über anhaltende Magen-Darm-Beschwerden mit Magenkrämpfen und Durchfällen. Seit einer Umsetzung am Arbeitsplatz habe sie ständig Angst, etwas falsch zu machen, „und dann merke ich, wie sich alles bei mir verkrampft und ich wieder zum Klo laufen muss". Derartige Beschwerden seien etwa in der letzten Woche an vier Tagen aufgetreten (mit flüssigen Stühlen am Morgen), „wobei ich am Wochenende besser zurechtkomme, aber schon sonntagabends fängt es oft wieder an". Der Arzt habe sie vorerst für zwei Wochen krankgeschrieben ...

Wie diese Beispiele demonstrieren, wird hier die **Krankheitswertigkeit** der Störung sehr deutlich, wobei die **Kriterien der ICD-Kategorien** zugrunde gelegt sind und durch wörtliche Zitate des Patienten illustriert werden. Zum Beleg der Krankheitswertigkeit sollten auch hier schon kurz (mit Verweis auf die Anamnese) Vorbehandlungen, Klinikaufenthalte, Krankschreibungen etc. erwähnt werden. Die Symptomatik sollte so weit wie möglich **quantifiziert** werden (z. B. Häufigkeit der Symptome während der letzten Woche etc.).

Bei Essstörungen ist unbedingt die Entwicklung des Körpergewichts während der letzten Zeit anzugeben.

Auch mögliche **Entstehungsbedingungen** („life-events", Schwellensituationen – erheblich für die Makro-Ebene der Bedingungsanalyse) werden hier schon knapp benannt.

Bei Störungen, bei denen der Patient **keinen unmittelbaren Leidensdruck** empfindet, sind andere Formulierungen zu wählen, wie etwa:

➢ Die Patientin beschreibt eine Magersucht mit erheblichem Untergewicht (Gewicht/Größe) bei einer starken Angst vor Gewichtszunahme. Das restriktive Essen bestünde seit ca. drei Jahren, und wegen einer seit ca. eineinhalb Jahren bestehenden Amenorrhoe habe ihr der Arzt nun dringend zu einer Verhaltenstherapie geraten ...

➢ Die Patientin berichtet, sie sei 1999 erstmalig wegen einer „halluzinatorischen Psychose" (so laute die Diagnose der Klinik) stationär behandelt worden (siehe Anamnese und anliegenden Klinikbericht). Sie habe inzwischen zwei weitere Rückfälle erlitten und werde ambulant psychiatrisch mit einem Neuroleptikum behandelt (siehe Konsiliarbericht). Wegen ihrer dadurch bedingten sehr starken Unsicherheit, insbesondere in Anbetracht der Wiederaufnahme ihrer Arbeit, sei ihr zu einer verhaltenstherapeutischen Begleitbehandlung geraten worden ...

➢ Die Mutter des siebenjährigen Jungen beschreibt ein ausgeprägtes hyperkinetisches Syndrom mit oppositionellem Verhalten: Patrick könne nicht fünf Minuten still sitzen, sondern sei ständig in Bewegung, sodass sie, die Mutter, inzwischen mehrfach zur Schule bestellt worden sei. Sowohl in der Schule als auch im häuslichen Bereich gebe es täglich mehrfach oft sehr lautstarke Auftritte, „weil Patrick sofort hochgeht, wenn er seinen Willen nicht bekommt oder wenn man etwas von ihm verlangt"...

Bei von Patienten benannten **Störungen, die von diesen zumeist nicht ohne weiteres zu Therapiebeginn ausgebreitet werden,** jedoch einen wesentlichen Aspekt der Symptomatik darstellen, kann etwa wie folgt berichtet werden:

Beispiele:

➢ „Wenn ich dann so Stress habe, dann trinke ich schon mal einen Schnaps, es können auch zwei sein." (Die vertiefte Exploration ergibt die Verdachtsdiagnose eines schädlichen Alkoholgebrauchs bzw. einer Abhängigkeitsstörung. Dies soll im Therapieverlauf überprüft werden.)

➢ „Wegen dem Stress auf der Arbeit klappt es dann auch in meiner Ehe nicht mehr so richtig." (Die vertiefte Exploration ergibt eine seit ca. zwei Jahren bestehende erektile Dysfunktion.)

➢ „… und dann denke ich manchmal, ‚Du machst am besten Schluss.'" (Die vertiefte Exploration ergibt eine latente Suizidgefährdung, zurzeit jedoch aber glaubhaft ohne aktuellen Handlungsimpuls.)

Sollte der Patient **Suizidphantasien** äußern, die unter dem Punkt Symptomatik beschrieben werden, ist dieses **unbedingt** im Rahmen des Befundes genauer zu diskutieren (siehe unter 3.3)!

Wird bei der Symptomatik **Alkoholmissbrauch** oder anderer **schädlicher Drogenkonsum** erwähnt, muss dieses unbedingt sowohl in der Anamnese als auch in der Verhaltensanalyse und im späteren Therapieplan **ausführlich gewürdigt** werden!

Beachte: Der Gutachter erhält von der Krankenkasse einen Auszug bezüglich der Krankschreibungen und stationären Behandlungen der letzten fünf Jahre. Treten dort Angaben auf, wie Abhängigkeitssyndrom etc., ohne dass dies im Bericht erwähnt und im Behandlungsplan berücksichtigt wird, führt dies üblicherweise zur Ablehnung.

Nach Möglichkeit sollten bei diesem Punkt auch schon Leidensdruck, Therapiemotivation und Zielvorstellungen des Patienten erkennbar werden.

3.2 Lebensgeschichtliche Entwicklung und Krankheitsanamnese

Im Informationsblatt der Krankenkassen (siehe Anhang 1) heißt es hierzu:

a) Darstellung der lebensgeschichtlichen Entwicklung, die zur Symptomatik geführt hat und für die Verhaltenstherapie relevant ist.
b) Angaben zur psychischen und körperlichen Entwicklung unter Berücksichtigung der familiären Situation, des Bildungsgangs und der beruflichen Situation.
c) Darstellung der besonderen Belastungen und Auffälligkeiten in der individuellen Entwicklung und der familiären Situation (Schwellensituation), besondere Auslösungsbedingungen.
d) Beschreibung der aktuellen und sozialen Situation (familiäre, ökonomische, Arbeits- und Lebensverhältnisse), die für die Aufrechterhaltung und Veränderung des Krankheitsverhaltens bedeutsam ist.
e) (Bereits früher durchgeführte psychotherapeutische Behandlungen [ambulant/stationär] und möglichst alle wesentlichen Erkrankungen, die ärztlicher Behandlung bedürfen, sollen erwähnt werden.)
f) Bei Verhaltenstherapie von Kindern sind möglichst Angaben zur lerngeschichtlichen Entwicklung der Beziehungspersonen, so weit sie für die Verhaltensanalyse relevant sind, zu machen.

Hierbei ist durchgängig das **Vulnerabilitäts-Stress-Modell** zu beachten: Fast alle Störungen sind **multifaktoriell begründet.** Insbesondere bei Psychosen, Zwängen und psychosomatischen Störungsbildern sind genetische bzw. neurobiologische **Prädispositionen** zu beachten.

Auch bei Borderline-Störungen und selbst bei simplen Paniksyndromen spielt üblicherweise eine dispositionell begründete Übererregbarkeit des Nervensystems eine Rolle.

Bei **Psychosen** sollte deshalb stets mit einem kurzen Überblick begonnen werden über entsprechende **Krankheiten in der Familie.** Sind derartige Krankheiten nicht bekannt, so ist dieses in einem Satz zu erwähnen (z. B.: Der Patient berichtet, schwere psychische Erkrankungen seien ihm aus seiner Familie nicht bekannt.).

Ebenfalls sind **prä-, peri- oder postnatale Komplikationen** oder auch Hinweise auf **organische oder soziale Belastungen aus der Kleinkindphase** zu erwähnen.

Weniger beachtenswert sind Vulnerabilitätsfaktoren wie dispositionelle Faktoren, Kindheitstraumen etc. bei Störungen, die ganz offensichtlich durch **aktuelle Traumen** verursacht worden sind. Hierzu zählen insbesondere Ereignisse, die die Lebensführung in ganz gravierender Weise belasten, wie etwa der Tod eines Kindes oder Lebenspartners, die Bedrohung durch den eigenen Tod, wie etwa die Diagnose einer Krebserkrankung, eines Hirntumors, etc. oder das Überleben als Unfall- oder Verbrechensopfer. Aber auch bei der Bewältigung derartiger **„äußerer Stressoren"** macht es teilweise einen erheblichen Unterschied, ob der Patient dispositionell stark vorbelastet ist oder aber über eine hohe **Resilienz** verfügt.

Aufbau der anamnestischen Angaben

Gemäß Informationsblatt in den Richtlinien sollen nicht alle Aspekte der Biographie gleichwertig dargestellt werden, sondern es soll eine **Auswahl und Beschränkung** auf diejenigen Informationen erfolgen, die für das Verständnis der Erkrankung, die diagnostische Einordnung, Prognose und Behandlung von Bedeutung sind. Welche Aspekte der jeweiligen Biografie für ein spezielles Krankheitsbild relevant sind, ergibt sich im Wesentlichen aus den **Risikofaktoren für das spezielle Störungsbild,** auch hier empfiehlt sich im Zweifelsfalle wieder der Griff in die Fachliteratur, um sich zu vergewissern, welche **genetischen, neurobiologischen oder lebensgeschichtlichen Ereignisse** schwerpunktmäßig zu beachten sind.

Der Bericht kann im Fließtext einer chronologischen Ordnung folgen, wobei etwa die schulische Entwicklung und der spätere Beruf gemäß ihrer zeitlichen Distanz an unterschiedlichen Textstellen erscheinen, oder es können Cluster von zusammengehörenden Themenkomplexen gebildet werden.

Die **Krankheitsanamnese** kann ebenfalls chronologisch im Fließtext erscheinen (also Kinderkrankheiten am Anfang des Berichtes und spätere Erkrankungen, je nach Lebensalter, an späteren Stellen) oder es kann auch hier ein geschlossener Block gebildet werden. Sowohl **stationäre** als auch **ambulante Vorbehandlungen** sind aufzuführen und in ihrer Wirkung zu würdigen (**Epikrise**) mit der Begründung, warum nun eine erneute Behandlung erforderlich und Erfolg versprechend ist.

Je nach Relevanz sollten folgende Themenschwerpunkte mehr oder weniger ausführlich abgehandelt werden:

a) **Familienanamnese:** genetische Dispositionen für psychische Erkrankungen
b) **Kindheit und Primärfamilie:** eventuelle prä-, peri- oder postnatale Komplikationen, Säuglingsalter, sozioökonomischer Status der Familie, Wohnverhältnisse, Persönlichkeiten und Beziehungen, Eltern, Geschwister, vorherrschende Werte, Lebensregeln oder überdauernde kognitive Schemata, die für die jetzige Erkrankung prädisponierend sein könnten; positive (Ressourcen) und negative (Traumata) Lebensereignisse, positive und negative Modelle etc.
c) **Soziale, schulische und berufliche Entwicklung:** Erfahrungen in Kindergarten und Schule, soziales Lernen, Erfolgs- und Misserfolgserlebnisse, Schulabschluss, Berufsausbildung, Beziehungen zu Freunden, Lehrern und Vorgesetzten, aktuelle berufliche Situation.
d) **Sexuelle Entwicklung und Partnerschaften:** Eventuelle Belastungen, Enttäuschungen, Bindungsabbrüche etc.
e) **Gegenwärtiges soziales Beziehungsnetz des Patienten:** Partnerschaftliche Situation, Persönlichkeitsmerkmale und aktuelles Verhalten des gegenwärtigen Lebenspartners, insbesondere Verhalten bezogen auf die Erkrankung, Zahl der Kinder und Beziehungen zu diesen, Freundeskreis, berufliche und finanzielle Situation, Freizeitaktivitäten, Sport etc.
f) **Krankheitsanamnese:** Falls die Angaben zur Entwicklung der Störung nicht schon im Vortext ausgeführt worden sind, kann dies auch in einem gesonderten Punkt erfolgen, wo aufgeführt werden z. B. Komplikationen während der Schwangerschaft oder Geburt, Entwicklungsauffälligkeiten und Erkrankungen im Säuglings-, Kinder- und Jugendalter, vergangene körperliche Erkrankungen, Unfälle, Klinikaufenthalte etc. sowie auch spezielle Vorbehandlungen der derzeitig zu behandelnden psychischen Erkrankung. Hier sollte auch aufgeführt werden, welcher Art diese Vorbehandlungen waren (evtl. Klinikberichte beifügen) sowie eine Reflexion, warum die vorherigen Behandlungen nicht stabil wirksam waren, sowie sich daraus ergebende Konsequenzen für die jetzige Behandlung.
g) **Gesundheitsverhalten:** Alkohol-, Drogen- und Nikotinkonsum, aktuelle Medikation – insbesondere Psychopharmaka.

Hier ist zu beachten,

- ob genetische und andere dispositionelle Faktoren anzunehmen sind;
- in welcher Weise **Grundbedürfnisse** des Patienten beachtet bzw. frustriert wurden wie etwa sichere Bindung, Deprivation und Autonomie oder Bedrohungen des Selbstwertgefühls;
- welche **Vermeidungs-** bzw. **Bewältigungsstrategien** der Patient hierbei entwickelt hat (exzessives – und defizitäres Verhalten, Ressourcen);
- welche **überdauernden motivationalen Schemata** und **dysfunktionalen Überzeugungen** noch heute Bedeutung für die Aufrechterhaltung der Symptomatik haben – also im Therapieplan besonders zu berücksichtigen sind.

Sind derartige Risikofaktoren aus der **Theorie** oder individuellen **frühen Lebensgeschichte** bekannt, so sollte man sie gleich am Anfang hervorheben.

Beispiele:

- Der Patient berichtet, schwere psychische Erkrankungen seien ihm aus seiner Familie nicht bekannt. Er sei in ländlicher Gegend ...

- Die Mutter sei häufig depressiv gewesen. Deren Vater sei vermutlich durch Suizid umgekommen und seine Schwester werde wegen einer Zwangsstörung behandelt. Er sei in ländlicher Gegend aufgewachsen als drittes Kind ...

- Die Schwangerschaft seiner Mutter sei sehr belastet gewesen, und er habe mit einer Saugglocke geholt werden müssen. Er sei in ländlicher Gegend ...

- Er sei mit einem Herzfehler geboren worden und wegen der Operationen als Säugling einige Wochen im Krankenhaus gewesen. Er sei in ländlicher Gegend ...

- Er sei schon als Kleinkind, dem Bericht seiner Mutter nach, sehr unruhig gewesen und habe sehr viel geschrien. Er sei in ländlicher Gegend ...

- Wegen Krankheit der Eltern sei er mit drei Jahren ins Heim gekommen ... etc.

Dies sind alles Hinweise auf eine **erhöhte Vulnerabilität** durch genetische, körperliche Belastungen oder durch frühe Deprivationserlebnisse.

Bei Fällen, in denen die **Vulnerabilität eher eine untergeordnete Rolle** spielt, bezieht sich der erste Satz der Lebensbeschreibung üblicherweise auf die Situation der Herkunftsfamilie, Geschwisterreihe und sozioökonomischen Status.

Beispiele:

- Der Patient wuchs in ländlicher Gegend als drittes Kind eines Schreinermeisters und einer Krankenschwester auf. Seine Eltern beschreibt der Patient als ...

- Der Patient ist Einzelkind und wuchs im großstädtischen Milieu auf. Seinen Vater, einen Buchhalter, der später Geschäftsführer eines kleinen Eisenwarengeschäftes wurde, beschreibt der Patient als „autoritären Menschen, der zu Wutanfällen neigte“. Seine Mutter sei eine „Heilige“ gewesen …

- Die Patientin berichtet, sie sei die Älteste von drei Geschwistern. Die Eltern hätten ein Schuhgeschäft betrieben in einer Kleinstadt, „und von uns wurde verlangt, dass wir immer einen guten Eindruck machten“.

Wie die Beispiele zeigen, können sogenannte objektive Daten wie Geburtsort, Berufe der Eltern etc. im Indikativ geschrieben werden, wobei jedoch, sobald **subjektive Schilderungen kommen, in den Konjunktiv übergewechselt** werden sollte. Es macht einen großen Unterschied, ob geschrieben steht: „Der Vater war ein ungeduldiger jähzorniger Mensch." Oder ob es heißt: „Der Patient schildert den Vater als einen ungeduldigen jähzornigen Menschen." Die Formulierung im Konjunktiv verdeutlicht, dass wir es bei den Angaben des Patienten möglicherweise mit **subjektiven Verzerrungen** zu tun haben könnten. Therapeuten, denen die Formulierung im Konjunktiv zu unbeholfen oder geschraubt erscheint, können auch den Indikativ verwenden, sollten aber einen einleitenden Satz voranstellen, wie etwa: „Der Patient schilderte seine Entwicklung wie folgt: ..."

Nach der Beschreibung der wesentlichen Aspekte der Herkunftsfamilie und Kindheitsentwicklung werden die anderen Bereiche (von c) – g)) abgehandelt mit Schwerpunktbildung auf den Lebensabschnitten und Entwicklungsaspekten, die für die **Ausbildung und Aufrechterhaltung des jeweiligen Störungsbildes** maßgeblich sind.

Gegen Ende der Anamnese sollte nochmals betont werden, in welcher Weise das derzeitige **Alltagsleben, die Berufschancen, die familiäre Situation etc. durch die Symptomatik belastet** werden. Auch hieraus ergeben sich später unmittelbare Ansatzpunkte für den **Therapieplan** (siehe Punkt 3.9).

3.3 Aktueller psychischer Befund

In den Richtlinien der Krankenkassen (siehe Anhang 1) heißt es hierzu:

(Testbefunde, sofern sie für die Entwicklung des Behandlungsplans und für die Therapieverlaufskontrolle relevant sind)

a) Aktuelles Interaktionsverhalten in der Untersuchungssituation, emotionaler Kontakt.
b) Intellektuelle Leistungsfähigkeit und Differenziertheit der Persönlichkeit.
c) Psychopathologischer Befund (z.B. Bewusstseinsstörungen, Störungen der Stimmungslage und der Affektivität, Störungen der mnestischen Funktionen, Wahnsymptomatik, suizidale Tendenzen).

Keine irgendwie abwertenden Äußerungen, damit man den Bericht reinen Herzens mit dem Patienten durchsprechen kann – im Sinne von Transparenz und Strukturierung.

Im Befund sollen **ausdrucksmäßige oder mimische und beobachtbare Verhaltensweisen** des Patienten aus der Sicht des Therapeuten wiedergegeben werden mit den entsprechenden Schlussfolgerungen auf den **Beziehungsstil des Patienten** – auf Variablen wie Offenheit, Vertrauen, Hilflosigkeit und Distanziertheit im Kontakt etc., die ausschlaggebend sein können für die spätere Mitarbeit des Patienten.

Ebenfalls aufgeführt werden sollten **Beobachtungen, die unmittelbar im Zusammenhang stehen mit der Symptomatik,** etwa Verlangsamung oder Tränenausbrüche bei Depressionen, hohe Erregung, verkrampfte Körperhaltung etc. bei Angstpatienten oder Patienten mit psychosomatischen Störungen, Verwirrtheit, logische Brüche oder Wahnideen bei Psychotikern etc.

Beispiele:

➢ Der Patient erschien in den Anfangskontakten sehr bedrückt und teilweise langsam/sehr erregt und hektisch/motorisch sehr unruhig/brach des Öfteren in Tränen aus .../... gab sich im Anfangskontakt betont selbstsicher und forsch. Erst im weiteren Kontakt wurde seine Bedrückung deutlich .../ äußerte sich sehr selbstkritisch mit selbstabwertenden Bemerkungen/... wirkte im Anfangskontakt sehr verschlossen, taute jedoch bei größerer Vertrautheit mit der Situation sichtlich auf .../zeigte anfangs eine eher misstrauisch-abwartende Haltung, es entstand dann jedoch ein vertrauensvoller therapeutischer Kontakt ...

Äußerungen zum **äußeren Erscheinungsbild** des Patienten sind heikel: Formulierungen wie „es erschien ein äußerlich gepflegter und modisch gekleideter Patient“ wirken in oberlehrerhafter Weise bewertend. Bedeutungsvoll ist das Erscheinungsbild in den Fällen, wo Selbstwertgefühl und Selbsteinschätzung des Patienten stark abweichend sind von der möglicherweise objektiveren Einschätzung des Therapeuten – also insbesondere bei **körperdysmorphen Störungen.**

Im zweiten Abschnitt des Befundes soll eingegangen werden auf die **intellektuelle** und **emotionale Leistungsfähigkeit** des Patienten.

Beispiele:

➢ Der Patient erschien voll orientiert und bewusstseinsklar. Er verfügt über gute intellektuelle Fähigkeiten bei hoher emotionaler Differenziertheit./Der Patient erschien intellektuell und emotional differenziert./(bei eher zurückgebliebenen Patienten) ... verfügt über ausreichende persönliche Möglichkeiten für ein therapeutisches Arbeitsbündnis/... erscheint stark verlangsamt und berichtet über Konzentrationsstörungen ...

Spezielle **psychopathologische Auffälligkeiten** wie Wahnideen, konkrete Suizidabsichten etc. müssten theoretisch im Befund erwähnt werden. Da sie jedoch üblicherweise nicht im ambulanten Setting behandelt werden, sondern Anlass zur vorerst psychiatrischen Therapie oder Klinikeinweisung sind, werden sie hier nicht weiter ausgeführt. Bei aus der Klinik entlassenen Psychotikern könnte es im Befundbericht etwa heißen wie folgt:

➢ *Bei Psychotikern:* Der Patient zeigt derzeitig keine psychotische Symptomatik. Er erschien im Gespräch bewusstseinsklar und voll orientiert und war in der Lage, offen und distanziert über seine Symptomatik zu sprechen.

Ansonsten kann man schreiben:

➢ *Bei Nicht-Psychotikern:* Es ergaben sich weder Hinweise auf mnestische Störungen noch auf inhaltliche oder formale Denkstörungen.

Ebenfalls abgehandelt werden sollen **mögliche suizidale Tendenzen.**

Beispiele:

➢ Es ergaben sich keine Hinweise auf suizidale Tendenzen./Suizidale Tendenzen sind zwar latent vorhanden im Sinne von Fluchtphantasien, jedoch nicht aktuell im Sinne konkreter Absichten oder Versuche./Suizidale Gedanken werden mehrfach erwähnt, ein aktueller Handlungsimpuls hingegen glaubhaft verneint./Suizidale Tendenzen sind deutlich vorhanden und wurden ausführlich mit dem Patienten reflektiert. Auch unter Einschaltung des behandelnden Psychiaters sowie des Ehepartners wurde die Möglichkeit einer stationären Behandlung in Erwägung gezogen.

Bei Kindern sollte sowohl das Verhalten der begleitenden Bezugsperson als auch dasjenige des Kindes selbst geschildert werden.

Beispiele:

➢ Peter machte einen sehr nervösen Eindruck, er konnte keine Minute still auf dem Stuhl sitzen und unterbrach seine Mutter ständig .../Lisa machte einen sehr schüchternen und in sich gekehrten Eindruck. Auf Fragen antwortete sie nur mit Kopfnicken etc. Bei Kindern sollte auch die Motivation angesprochen werden: Nach seinen eigenen Vorstellungen befragt, zeigte sich Peter bereit zu einem Therapieversuch.

Der letzte Satz des Befundes sollte sich auf die **testpsychologischen Befunde** beziehen. Diese können entweder mit **Verfahren und Ergebnissen** aufgeführt oder auch inhaltlich zusammengefasst werden:

➢ Die testpsychologischen Befunde sprechen für eine ... mittelschwere Depression (BDI-Score: 26) bei einer ängstlich-vermeidenden Persönlichkeit (SCL-90-R: Unsicherheit, Ängstlichkeit T-Werte > 90) ...

„ ... sprechen für einen hohen Erregungsgrad bei einem eher introvertierten, zu Depressionen neigenden Menschen (BDI, SCL-90-R, FPI-R) ...

➢ Die Testbefunde bestätigen das Bild einer vegetativ übererregbaren Persönlichkeit mit depressiven Tendenzen ...

3.4 Somatischer Befund

Hier kann der Psychologische Psychotherapeut, so weit dies nicht bereits bei der Krankheitsanamnese geschehen ist, relevante körperliche Daten angeben, so weit ihm diese bekannt sind wie etwa:

- **Körpergröße und Gewicht, Konsum von Alkohol, Nikotin oder anderen Drogen, Krankheiten oder Behinderungen.**
- Wurde dieses bereits unter Krankheitsanamnese abgehandelt, genügt zumeist der Verweis auf den **ärztlichen Konsiliarbericht,** der nicht älter sein soll als drei Monate vor Therapiebeginn.
- Beim Konsiliarbericht ist zu beachten, dass bei Patienten mit **schweren körperlichen Erkrankungen** nichtssagende Konsiliarberichte, die darauf nicht eingehen, nicht akzeptiert werden. Insbesondere bei **Psychosen** und **psychosomatischen Erkrankungen** wird ein **fachärztlicher Bericht** durch einen für das betreffende Krankheitsbild zuständigen Gebietsarzt verlangt. Beachte: **Der Psychotherapeut hat die Gesamtverantwortung für den Behandlungsverlauf!** Dies ist zum Beispiel wichtig für die Unbedenklichkeit von körperlich stark erregenden Expositionsbehandlungen.
- War der Patient vor Therapiebeginn (oder bei Umwandlungsanträgen im Laufe der Therapie) in einer Klinik, so empfiehlt sich die Beifügung eines **Klinikberichtes,** wobei ebenso wie bei allen anderen Unterlagen der **Datenschutz** zu beachten und der Nachname des Patienten zu schwärzen ist.

3.5 Verhaltensanalyse

In den Richtlinien der Krankenkassen (siehe Anhang 1) heißt es hierzu:

Beschreibung der Krankheitsphänomene, möglichst in den vier Verhaltenskategorien: Motorik, Kognitionen, Emotionen und Physiologie. Unterscheidung zwischen Verhaltensexzessen, Verhaltensdefiziten und qualitativ neuer spezifischen Symptomatik in der Beschreibung von Verhaltensstörungen.
Funktions- und Bedingungsanalyse der für die geplanten Verhaltenstherapie relevanten Verhaltensstörungen in Anlehnung an das S-O-R-K-C-Modell mit Berücksichtigung der zeitlichen Entwicklung der Symptomatik.
Beschreibung von Verhaltensaktiva und bereits entwickelten Selbsthilfemöglichkeiten und Bewältigungsfähigkeiten.
Wird die Symptomatik des Patienten durch pathogene Interaktionsprozesse aufrechterhalten, ist die Verhaltensanalyse auch der Beziehungsperson zu berücksichtigen.

In der Verhaltensanalyse wird ein komplexes Störungsbild dargestellt, in dem die aus der Forschung bekannten **Ursachen und Risikofaktoren** einer Krankheit überblendet werden mit den **individuellen Bedingungen** unseres Patienten. Dies vollziehen wir praktischerweise in mehreren Schritten:

Im ersten Schritt ...

sind die **wesentlichen bestimmenden Symptome** (mit physiologischen, emotionalen, kognitiven und verhaltensmäßigen Aspekten) noch einmal kurz zu benennen und in einen Kontext zu stellen, mit den **„life-events“**, den lebensgeschichtlich relevanten Bedingungen (**Makroebene**), die ihre **Entstehung in Gang gesetzt** haben:

Beispiele:

- Depressionen mit Zukunftsängsten, Schlafstörungen und häufigen Magenschmerzen, Gewichtsverlust, Antriebslosigkeit und Konzentrationsstörungen wurden ausgelöst durch den Verlust des Partners .../... durch den Verlust des Arbeitsplatzes/nachdem die Patientin die Diagnose einer Krebserkrankung erhalten hatte .../... als der Betrieb des Patienten immer mehr in die roten Zahlen geriet .../... etc.

- Die Panikattacken mit Herzrasen und Schweißausbrüchen, Atemnot, Hyperventilation und Todesängsten traten erstmalig auf, als die Patientin durch die Pflege ihrer kranken Mutter stark überfordert war .../... als die Patientin in einer beruflichen Belastungssituation war und an einem heißen Sommertag ohnehin schon in starker Eile in einen Stau geriet .../... als der Patient nach einer schweren Grippe frühzeitig wieder in den Dienst gegangen war .../... als die Patientin sich in einer schweren Ehekrise befand .../... etc.

Im zweiten Schritt ...

entfalten wir das **Vulnerabilitäts-Stress-Modell,** ein **differenziertes multifaktorielles Störungsbild,** in dem sowohl genetische, neurobiologische oder sonstige prädisponierende **Vulnerabilitätsfaktoren** aufgeführt und in Zusammenhang gebracht werden mit den entsprechenden **Belastungsfaktoren der Lerngeschichte.** Bezüglich dieser komplexen ätiologischen Faktoren empfiehlt es sich, die neuere Fachliteratur heranzuziehen.

Da **genetische und neurobiologische Vulnerabilitätsfaktoren** im Falle eines einzelnen Patienten zumeist nicht nachweisbar sind, sondern lediglich für einzelne Störungsbilder durch groß angelegte Untersuchungen wie etwa die Zwillingsforschung belegt sind, genügt diesbezüglich eine allgemeine Formulierung, durch die der Therapeut zu erkennen gibt, dass ihm diese Zusammenhänge vertraut sind. Deren Kenntnis ist insbesondere auch bedeutsam für die **Psychoedukation** des Patienten.

Beispiele:

- Neben dispositionellen Faktoren, z. B. einer möglicherweise angeborenen überhöhten physiologischen Erregbarkeit ... (etwa bei Ängsten oder Borderline-Störungen etc.) erscheint für die Entstehung ...

- Neben dispositionellen Faktoren, etwa genetischen und neuroendokrinologischen Faktoren, ... (bei Psychosen), erscheint für die Entstehung ...

- Neben neurobiologischen Abweichungen ... (bei Zwängen, HKS-Syndrom), erscheint für die Entstehung ...

Danach folgen Vulnerabilitätsaspekte, die die **frühe Entwicklungsphase** des Patienten geprägt haben dürften.

Beispiele:
Neben dispositionellen Faktoren ... (siehe oben) ... erscheint für die Entstehung der komplexen Symptomatik bedeutsam ...

- ... die Schwangerschaftskomplikationen und problematische Geburt des Patienten (siehe Anamnese), die möglicherweise schon eine erhöhte Erregbarkeit des Kleinkindes bedingten.

- ... die Stoffwechselstörung des Säuglings, die seine frühe Entwicklungsphase belastete (Schreikind) und die Mutter-Kind-Beziehung von Anfang an beeinträchtigt haben dürfte.

- ... die stets sehr ängstliche Erziehungshaltung der Mutter des Patienten.

- ... die frühen Deprivationserfahrungen des Patienten, die ihn besonders sensibilisierten für Gefühle von Verlassenheit und Verlust.

- ... die Erfahrungen der Zurücksetzung in der Familie (siehe Anamnese) und die Hänseleien, die der Patient in der Schule erlebte.

- ... die belastende Geschwisterkonstellation (älteste Schwester) mit Ängsten vor Bestrafung („Wenn die Kleinen etwas taten, was verboten war“ ...).

- ... das Modell des Vaters, den der Patient als stets erfolgreich und überlegen schildert.

Anzuführen sind hier **alle zuvor in der Anamnese geschilderten prägenden Einflüsse**, **dominanten Erziehungseinflüsse** und **Modelle,** frühere oder spätere Erfahrungen, die zur Entstehung der Symptomatik bzw. zu deren Verfestigung und Aufrechterhaltung beigetragen haben. Festzuhalten sind die Schlussfolgerungen für **Persönlichkeitsausprägungen und Verhaltensstil** des Patienten, Defizite, Neigungen, Exzesse etc. Die Zusammenschau der aufgeführten Vulnerabilitätsfaktoren mit den auslösenden belastenden Ereignissen führt dann zur Frage, welche Bedeutung (Funktion) die Symptomatik **in der Interaktionsgestaltung** des Patienten hat. Hieraus ergeben sich auch wesentliche Ansätze für das therapeutische Vorgehen (z. B. für eine Integration schematherapeutischer Methoden).

Beispiele:

- Dies dürfte Grundlage sein für die ausgeprägte Neigung des Patienten zu heftiger emotionaler Erregung und zu unkontrollierbaren Impulsdurchbrüchen.

- Hieraus erklärt sich die starke Ängstlichkeit und Rückzugsneigung mit der Folge einer immer größer werdenden Unsicherheit in sozialen Situationen.

- Dies begründet die besondere Sensibilität des Patienten in allen Situationen, in denen er sich verlassen fühlt oder in denen er den Verlust einer Person antizipiert.

- Hier dürften die Ursachen liegen für das exzessive Harmoniebedürfnis des Patienten und seine Neigung zur Überanpassung und Selbstüberforderung.

Diese **biologischen und kognitiven Vulnerabilitätsfaktoren** bilden in unserem SORKC-Modell die **Organismusvariable** (siehe Kanfersches System-Modell in Abb. 1).

Im dritten Schritt ...

wird die **Mikroanalyse** dargestellt. Hierfür wird eine charakteristische situative Konstellation (**S**) ausgewählt, die die Symptomatik (**R**) bei einer bestimmten Persönlichkeit (**O**) üblicherweise auslöst sowie deren aufrechterhaltende Konsequenzen (**C**).

Die Mikroanalyse kann sowohl **schematisch** als auch als **Fließtext** dargestellt werden.

Abbildung 1: *System-Modell der emotionalen Regulation von Kanfer (2000)*

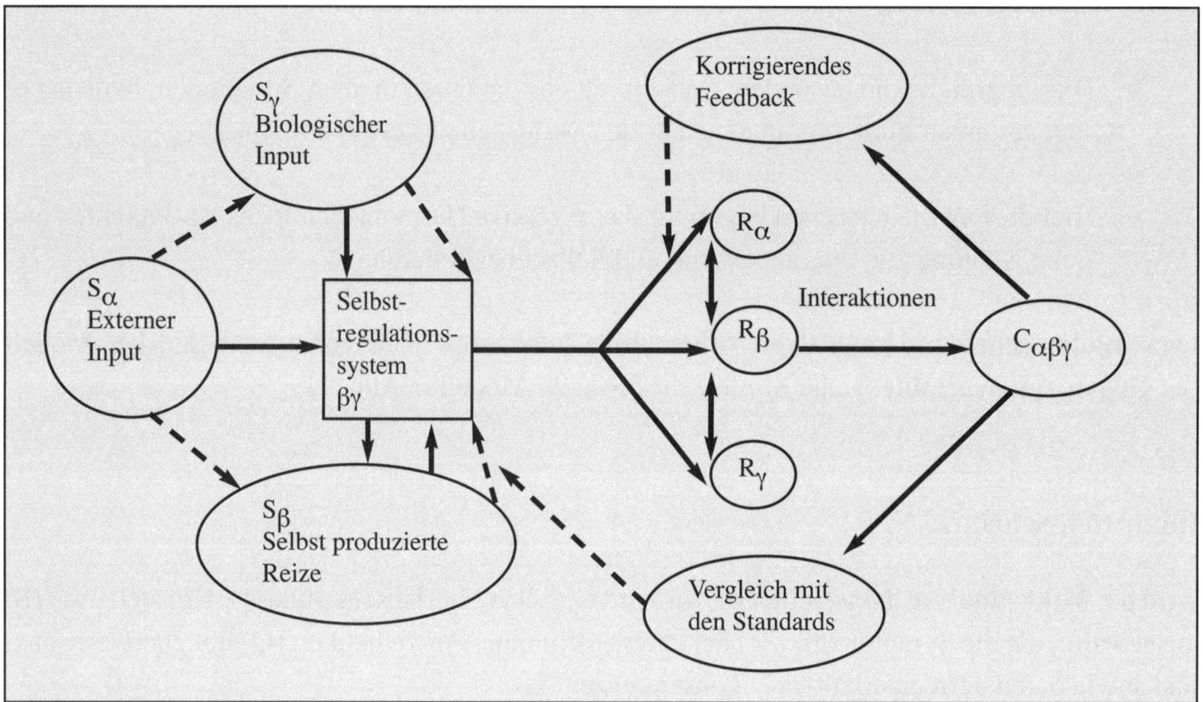

S **Auslösende Reize** für ein Symptomverhalten können „von außen" kommen (**S_α**, z. B. ein Rüffel vom Chef), vom Körper her (**S_γ**, z. B. eine Herz-Kreislauf-Sensation) oder als kognitiver Reiz (**S_β**, z. B. der Gedanke an die bevorstehende Prüfung).

O Die intervenierende Variable zwischen Stimulus und Response (in der Kanferschen **S-O-R-K-C-**Formel die **O-Variable**) ist das **Selbstregulationssystem,** wo sowohl genetische oder andere überdauernde Strukturen biologischer Art als auch aus der Lebens- und Lerngeschichte abgeleitete kognitive Verarbeitungsmechanismen (Standards, Erwartungen, übergeordnete Pläne etc.) modifizierend wirksam sind.

R **Das Symptomverhalten** schließlich zeigt sich mehr oder weniger ausdrucksvoll im sichtbaren **motorischen Verhalten** des Patienten (**R_α**, z. B. ergreift die Flucht), auf **kognitiver** Ebene (**R_β**, z. B. „Da werde ich mich furchtbar blamieren") und auf **emotionaler** und **körperlicher (physiologischer)** Ebene (**R_γ**, z. B. als starke Angst mit heftigem physiologischen Arousal).

K Die Variable **K** der Kanferschen Verhaltensgleichung bedeutet **Kontingenz** und sollte nicht mit der Konsequenz (bei Kanfer C) verwechselt werden. Sie steht für die Kontingenz, mit der eine bestimmte positive oder negative Konsequenz auf ein Verhalten folgt (z. B. jedes Mal oder im Sinne intermittierender Verstärkung).

C Die **Konsequenzen** (Belohnungen = **C^+**, Bestrafungen = **C^-** oder dass Positives oder Negatives wegfällt = **$¢^+$** bzw. **$¢^-$**) können etwa „von außen" kommen (**C_α**,). Sie können kognitiv/emotional sein (**C_β**, wie z. B. Gefühle und Gedanken des Stolzes oder der Beschämung) oder auch den Körper betreffen (**C_γ** wie z. B. die Spannungsreduktion $¢^-$ nach einem Fluchtverhalten). Am letzten Beispiel wird auch deutlich, dass es kurzfristige und langfristige Konsequenzen gibt. So kann z. B. der Genuss von Alkohol kurzfristig zu einer Spannungsreduktion führen (**$¢^-$** = negative Verstärkung, kurzfristig), jedoch **langfristig** Kognitionen von Versagen und Scham bewirken (**C^-** langfristig).

Beispiele:

a) soziale Phobie (schematischer Aufbau):

S	Der Patient gerät in eine Situation sozialer Exposition (z. B. Referat halten, plötzliches Angesprochenwerden, eine Bitte oder Kritik äußern müssen).
O	Neigung zu physiologischer Übererregung mit Erröten; Defizite bezüglich sozialer Kompetenz.
$\mathbf{R}_{\mathbf{physiologisch}}$	Herzklopfen „bis in den Hals“, Erröten, Schweißausbruch
$\mathbf{R}_{\mathbf{kognitiv}}$	„Alle sehen mich an, machen sich über mich lustig, denken, der ist doof.“
$\mathbf{R}_{\mathbf{emotional}}$	Gefühl der Beschämung und Selbsthass
$\mathbf{R}_{\mathbf{motorisch}}$	Vermeidung derartiger Situationen; Fluchtverhalten; selbstschädigendes Verhalten (gegen die Wand schlagen, Selbstverletzung, Alkohol).
K:	kontinuierlich, kurzfristig und langfristig
$\not{C}^{-}_{\mathbf{kurzfristig}}$	Reduktion physiologischer Spannung
$C^{-}_{\mathbf{langfristig}}$	soziale Isolation, berufliche Nachteile, Gefahr der Alkoholabhängigkeit

Dasselbe Beispiel im Fließtext:
In Situationen (**S**) sozialer Exposition, wenn der Patient z. B. ein Referat halten muss, auf der Straße plötzlich von Bekannten angesprochen wird oder sich mit einer Bitte oder Kritik an jemanden wenden will, gerät er (**R**) in starke physiologische Erregung, zumeist mit Erröten und Schweißausbrüchen, wobei er denkt, „das sehen alle und finden das lächerlich“. Er fühlt sich zutiefst beschämt, gerät in eine Art Selbsthass und hat sich nach derartigen Konfrontationen bereits durch heftiges Schlagen mit der Faust gegen die Wand selbst verletzt oder sich durch Alkohol „versucht zu betäuben“ ($\not{C}^{-}$). Seine Hauptbewältigungsstrategie (**R**) diesbezüglich ist, derartige Situationen möglichst zu vermeiden oder so schnell wie möglich zu beenden ($\not{C}^{-}$). Langfristig gerät er dadurch immer mehr in soziale Isolation, kommt in seinem Studium nicht weiter und läuft Gefahr, alkoholabhängig zu werden (C^{-}). Dieses Reaktionsmuster ist aufgrund einer möglicherweise angeborenen physiologischen Übererregbarkeit sowie seiner durch die Sozialisationsbedingungen ausgeprägten sozialen Defizite inzwischen stabiler Bestandteil seiner Persönlichkeit **(O)**.

b) Kontrollzwang (schematischer Aufbau):

S	Die Patientin will die Wohnung verlassen.
O	Mögliche neurobiologische Disposition zu Zwangsritualen sowie erziehungsbedingte Angst, Fehler zu machen.
$R_{physiologisch}$	Kontinuierlicher Anstieg physiologischer Spannung je näher der Zeitpunkt rückt, die Wohnung zu verlassen.
$R_{kognitiv}$	„Ich will nur noch eine Runde machen, und dann gehe ich bestimmt."
$R_{emotional}$	Gefühl von Angst und Versagen.
$R_{motorisch}$	Immer hastigeres Betasten von Ofenschaltern, Wasserhähnen und Fenstern, mehrfach hintereinander, zu Therapiebeginn eine halbe bis eine Stunde.
$¢^{-}_{kurzfristig}$	Spannungsreduktion nach Vollendung des Rituals
$C^{-}_{langfristig}$	Verfestigung der Zwangsrituale, Probleme am Arbeitsplatz wegen Zuspätkommens, Neigung in der Freizeit, die Wohnung nicht mehr zu verlassen, soziale Isolation.

Dasselbe Beispiel im Fließtext:
Immer wenn die Patientin ihre Wohnung verlassen will (**S**), gerät sie bei der Vorbereitung (**R**) zunehmend in starke innere Spannungen. Sie versucht sich zu beruhigen, indem sie sich sagt: „Nur noch einmal kontrollieren, ob die Fenster zu sind, der Herd tatsächlich ausgeschaltet und alle Wasserhähne zugedreht." Sie läuft durch die Wohnung und betastet alle fraglichen Gegenstände, wobei ihre Erregung nach ca. 1/2 bis 1 Stunde allmählich abfällt (**¢⁻**). Als langfristige Konsequenzen (**C⁻**) ergeben sich zunehmend Probleme am Arbeitsplatz wegen Zuspätkommens sowie soziale Isolation, da die Patientin in ihrer Freizeit kaum noch die Wohnung verlässt.

Im vierten Schritt

sind, wie die Beispiele zeigen, insbesondere sogenannte **Teufelskreise** zu beachten. Diese verhindern letztlich eine selbstständige Löschung der Symptomatik.

Hier sind auch zu benennen **Verhaltensexzesse und Defizite** sowie fest **eingeschliffene Vermeidungsmuster** oder mögliche positive Verstärker (**Krankheitsgewinn**), die im Therapieplan später besonders gewürdigt werden müssen.

Beispiele:

a) soziale Phobie
Die Symptomatik hat sich inzwischen so weit verselbstständigt, dass schon die Antizipation derartiger Situationen zu einem Erregungsanstieg führt mit entsprechenden physiologischen Dysfunktionen. Derartige Erregungsmuster und Dysfunktionen sind inzwischen ihrerseits zum Auslöser für derartige Ängste geworden und bedingen sukzessive Vermeidungsstrategien und Rückzug, wodurch die Symptomatik aufrechterhalten wird (gemäß der Mowrer'schen Zweifaktorentheorie).

b) Kontrollzwang
Das ständige Zuspätkommen am Arbeitsplatz hat dort inzwischen zu Problemen mit der Geschäftsleitung geführt, sodass die Verunsicherung der Patientin auch dort zugenommen hat und sie auch dort anfängt, Arbeitsvorgänge zunehmend mehrfach zu kontrollieren (Generalisierungseffekt). Die Angst vor Arbeitsplatzverlust sowie die soziale Isolation (Verstärkerverlust) bedingen inzwischen eine depressive Entwicklung.

Weitere Beispiele für Teufelskreise:

➢ Hierdurch erlebte der Patient ein starkes Gefühl von Hilflosigkeit (sensu Seligman), wobei er derzeitig über keine adäquaten Bewältigungsstrategien verfügt. Seine wachsende Irritation führt dazu, dass die Fehlerquote am Arbeitsplatz weiter ansteigt, wodurch er sich weiterer Kritik aussetzt, sodass es zu einer ständigen Zunahme von Bestrafung, Ängsten und Depressionen kommt ...

➢ Durch den Verlust des Arbeitsplatzes erlitt der Patient einen umfassenden Verstärkerverlust (sensu Lewinsohn), der insbesondere auch durch Scham und sozialen Rückzug nicht adäquat kompensiert werden kann. Die hierdurch bewirkte starke Verunsicherung verhindert eine effiziente Neubewerbung, sodass der Patient sich in einer kontinuierlichen Abwärtsspirale befindet ...

➢ Durch soziale Isolation und insbesondere auch durch die Schlafstörungen hat der Patient viel Raum für selbstabwertende und angstauslösende Kognitionen (gemäß der dysfunktionalen Trias sensu Beck), sodass die Symptomatik sich teufelskreisartig verstärkt ...

Ebenfalls herauszuarbeiten sind hier mögliche **Ressourcen** des Patienten, die derzeitig wahrscheinlich mehr oder weniger verschüttet sind und die später für eine günstige Prognose herangezogen werden können.

3.6 Diagnose

In den Richtlinien der Krankenkassen (siehe Anhang 1) heißt es hierzu:

> *Darstellung der Diagnose aufgrund der Symptomatik und der Verhaltensanalyse. Differentialdiagnostische Abgrenzung unter Berücksichtigung auch anderer Befunde, ggf. unter Beifügung der anonymisierten Befundberichte.*

Die Diagnose muss sowohl übereinstimmen mit den Schilderungen in Symptomatik und Befund als auch mit den Ausführungen des Arztes im **Konsiliarbericht.** Bei unklaren Diagnosen ist es erforderlich, eine **Differentialdiagnose** zu diskutieren, etwa anzuführen, dass die starke Chronifizierung auch für eine Persönlichkeitsstörung sprechen könnte etc.

Dies ist insbesondere zu bedenken, wenn die Behandlung sich später stark ausweitet und etwa auf 80 Stunden ausgedehnt werden muss.

Vor der Verschlüsselung nach **ICD** sollte man sich die Kategorien im Zweifelsfall noch einmal durchlesen und die dort aufgelisteten Symptome mit den Beschwerden des Patienten vergleichen.

Für den Psychotherapeuten relevant ist hauptsächlich das Kapitel V (F) für die psychischen Störungen. Ebenfalls, wenn auch weniger relevant, sind andere Kapitel des ICD-10-Systems. Im **Anhang II der ICD-10 findet sich eine Liste von Krankheiten und Bedingungen aus anderen Kapiteln der ICD-10, die häufig im Zusammenhang mit den Störungen des Kapitels V (F)** gefunden werden. Mit den Ziffern A–Z können dort Krankheiten verschlüsselt werden, die nicht primär psychisch sind, jedoch zumeist sehr starke Auswirkungen auf ein psychisches Störungsbild haben. Hierzu gehören zum Beispiel Schlafstörungen mit eindeutiger körperlicher Ursache wie etwa die Schlafapnoe (G47.3) oder körperlich bedingte Kopfschmerzen (G44) etc.

3.7 Therapieziele und Prognose

In den Richtlinien der Krankenkassen (siehe Anhang 1) heißt es hierzu:

> *Darstellung der konkreten Therapieziele mit ggf. gestufter prognostischer Einschätzung (dabei ist zu begründen, warum eine gegebene Symptomatik direkt oder indirekt verändert werden soll); Motivierbarkeit, Krankheitseinsicht und Umstellungsfähigkeit; ggf. Einschätzung der Mitarbeit der Beziehungspersonen, deren Umstellungsfähigkeit und Belastbarkeit.*

Unter den **Therapiezielen** wird im Allgemeinen erst einmal die **Reduktion der vorhandenen Symptome** aufgeführt. Es wirkt realistischer (und auch bescheidener), wenn nicht von einer Heilung oder endgültigen Beseitigung der Symptomatik gesprochen wird.

Bei **Psychosen** spricht man auf keinen Fall von Heilung, sondern es geht darum, weiteren Exazerbationen vorzubeugen, sodass stationäre Aufenthalte vermieden werden können und der Patient in adäquater Weise an einem möglichst normalen Leben wieder teilnehmen kann. Auch die Absetzung von Medikamenten ist hier nicht indiziert (Reduktion nur in Absprache mit dem behandelnden Psychiater). Es wird vielfach als **Kunstfehler** angesehen, wenn dieses als Therapieziel angeführt wird. Eine Verbesserung oder Stabilisierung der Compliance bezüglich der psychiatrisch notwendigen Maßnahmen erscheint hier angebrachter.

Wurden bei der Beschreibung der Symptomatik **Alkohol** oder **sonstige Drogenprobleme** erwähnt, so muss deren Funktion sowohl im Rahmen der Verhaltensanalyse erklärt werden als auch im Therapieplan Beachtung finden. **Diesbezügliche Kontrolle und möglichst Abstinenz sind wesentliche Therapieziele** (die Unterlassung ist ein häufiger Ablehnungsgrund).

Die Therapieziele, so das Informationsblatt der Krankenkassen, sollen konkret aufgeführt werden, wobei sich später (im Punkt 8) die einzelnen Schritte des Behandlungsplanes auf diese Therapieziele beziehen sollen. Die Abgrenzung von übergeordneten Zielen, untergeordneten Zielen, Teilschritten etc. und die konkrete Zuordnung einzelner Maßnahmen ist oft nur sehr schwer möglich und führt insbesondere, wenn dann die einzelnen Schritte und Maßnahmen den Zielen zugeordnet werden sollen, zu Wiederholungen und Überschneidungen. Um dieses zu vermeiden, empfiehlt es sich, bei den Therapiezielen unter Punkt 7 lediglich **übergeordnete Therapieziele** aufzuführen und untergeordnete Therapieziele und Einzelschritte gemeinsam mit den Maßnahmen zu ihrer Erreichung unter Punkt 8 aufzuführen.

Beispiele:

➢ Übergeordnete Therapieziele sind eine Reduktion depressiver Affekte sowie eine Anhebung der Lebensqualität und die Wiedereingliederung in den Arbeitsprozess.

➢ Übergeordnete Therapieziele sind eine Reduktion und Dämpfung der Panikanfälle, der Abbau phobischer Ängste und die Erhöhung der selbstständigen Aktionsfähigkeit der Patientin.

➢ Übergeordnete Therapieziele sind eine Reduktion der Kontrollzwänge – gedacht wird auch an eine medikamentös/psychiatrische Mitbehandlung –, die Etablierung von Methoden zum Spannungsabbau und der Wiederaufbau sozialer Kontakte.

Hierauf folgt dann unmittelbar die **Prognose.**

Für die **Prognose** ist es **absolut nicht ausreichend,** wenn lediglich auf Leidensdruck und Motivation hingewiesen wird. Die Motivation ist zwar ein notwendiger, aber keineswegs ein hinreichender Faktor für die Prognose. Hier sind erst einmal **anzuführen alle Faktoren, die die Prognose belasten,** wie etwa die starke Chronifizierung, der unsichere Krankheitsverlauf, etwa bei einer Krebserkrankung, bei MS etc., die sehr belastende familiäre oder berufliche Situation des Patienten, die kaum zu verändern sein dürfte, oder auch seine intellektuellen Beschränkungen, die nur ein sehr langsames Lernen ermöglichen dürften usw.

Alsdann ist überzugehen auf **Positivfaktoren,** wie etwa Leidensdruck und gute Motivation, gutes intellektuelles Verständnis, das sich bisher schon im Rahmen der probatorischen Sitzungen gezeigt habe ... bei Alkohol und Drogen eine bisher seit Therapiebeginn oder Klinikentlassung strikt eingehaltene Abstinenz ... die tatkräftige Unterstützung von Familienmitgliedern oder etwa des Arbeitgebers ... verschiedene **Ressourcen,** die bereits in der Anamnese erwähnt wurden und in der Verhaltensanalyse noch mal herausgearbeitet worden waren usw.

Es genügt i.A., wenn man von einer „**ausreichend** günstigen Prognose" spricht. Man kann auch weiter einschränken, indem man sagt, „dass trotz dieser Belastungsfaktoren noch von einer ausreichend günstigen Prognose für eine Linderung des Beschwerdebildes ausgegangen werden kann". Sind sehr viele Belastungsfaktoren da, kann man etwa schreiben:

Beispiel:

- ... aufgrund dieser oder jener Umstände (natürlich genau ausführen welche), erscheint die Prognose derzeitig unsicher. Der hohe Leidensdruck des Patienten sowie seine gute Motivation rechtfertigen jedoch einen Behandlungsversuch.

Von einer **guten Prognose** sollte man allenfalls sprechen, wenn man den Patienten schon recht gut kennt – also frühestens bei einem Verlängerungsantrag –, wenn bereits wesentliche therapeutische Ziele erreicht worden sind und etwa nur noch ein kleines Rezidiv oder eine Restsymptomatik aufzuarbeiten ist.

3.8 Behandlungsplan

In den Richtlinien der Krankenkassen (siehe Anhang 1) heißt es hierzu:

Darstellung der Behandlungsstrategie in der Kombination bzw. Reihenfolge verschiedener Interventionsverfahren, mit denen die definierten Therapieziele erreicht werden sollen.
Angaben zur geplanten Behandlungsfrequenz und zur Sitzungsdauer (25 Minuten, 50 Minuten, 100 Minuten).
Begründung der Kombination von Einzel- und Gruppenbehandlung auch ihre zahlenmäßigen Verhältnisse zueinander mit Angabe der Gruppenzusammensetzung und Darstellung der therapeutischen Ziele, die mit der Gruppenbehandlung erreicht werden sollen.
Bei Verhaltenstherapie mit Kindern: Soll bei einer begleitenden Behandlung der Bezugspersonen vom Regelverhältnis 1:4 abgewichen werden, muss dies hier begründet werden. Begründung der begleitenden Behandlung der Bezugspersonen in Einzel- oder Gruppensitzungen sowie zur Gruppengröße und Zusammensetzung.
Andere Verfahren als die in den Psychotherapie-Richtlinien genannten therapeutischen Interventionen (B I 1,2) können nicht Bestandteil des Behandlungsplans sein.

Will man die einzelnen **Therapieziele** unmittelbar in Zusammenhang bringen mit den hierzu erforderlichen **Therapieschritten,** so kann man dies etwa wie folgt einleiten:

Zur Erreichung der formulierten, umfassenderen Therapieziele (siehe Punkt 7) sollen vordringlich folgende Teilziele angestrebt werden bzw. Techniken zur Anwendung kommen:

- Etablierung eines vertrauensvollen Arbeitsbündnisses durch sachkundige Exploration der Symptomatik und einfühlsame ressourcenorientierte Anamneseerhebung.
- Aufbau einer differenzierten Selbstwahrnehmung zur Identifikation von Bedingungszusammenhängen mittels Self-Monitoring ...
- Erarbeitung und Fortschreibung der Verhaltensanalyse mit dem Ziel, den Zusammenhang zwischen auslösenden Bedingungen, kognitiven Strukturen und Symptomverhalten aufzuzeigen ...

➢ Vermittlung eines plausiblen Erklärungsmodells unter Einbeziehung der Ergebnisse aus der Self-Monitoring-Phase sowie anamnestisch bedeutsamer Faktoren ...

Spätestens hier, ab dem vierten Spiegelstrich, sollte der Behandlungsplan unbedingt **individualisiert** werden. Unter Gutachtern wird immer wieder diskutiert, inwieweit vorgefertigte Therapiepläne akzeptiert werden können oder Grund liefern für Ablehnungen. Man kann also hier z. B. beim vierten Spiegelstrich fortfahren, indem man anamnestisch bedeutsame Faktoren **(Vulnerabilitätsfaktoren, O-Variable),** die in der Anamnese erwähnt worden waren, noch einmal aufführt.

Beispiele:

➢ ... sowie anamnestisch bedeutsamer Faktoren, wobei hier besonders hervorzuheben ist die von Kindheit an trainierte Neigung, sich durch Verantwortung zu überfordern und Schuldgefühle zu entwickeln ...

➢ ... sowie anamnestisch bedeutsamer Faktoren, wobei insbesondere das von klein auf ein geübte Muster von Erregungssteigerung, Affektausbrüchen und kurzfristiger positiver sozialer Verstärkung zu beachten ist ...

➢ ... sowie anamnestisch bedeutsamer Faktoren. Hier ist insbesondere das Modell des Vaters, dem der Patient immer nachgeeifert hat, hervorzuheben ...

Auch bei den dann im Anschluss aufgeführten Therapiezielen und geplanten symptomspezifischen therapeutischen Strategien ist explizit Bezug zu nehmen auf die konkrete Lebenssituation des Patienten.

Beispiele:

➢ Kognitive Umstrukturierung dysfunktionaler Grübeleien (neurotische Trias sensu Beck) bezüglich der in der Vergangenheit verfehlten Prüfung.

➢ Verbesserung der Problembewältigungskompetenz gemäß D'Zurilla und Goldfried, insbesondere in Bezug auf die aktuelle berufliche Belastungssituation mit dem neuen Chef.

➢ Erstellung einer Angsthierachie und Ausarbeitung von Plänen zur (gestuften oder massierten) Reizkonfrontation zum Besuch von Supermärkten, Vorlesungen und Veranstaltungen der Universität, Theater, Fußballspielen etc. (sensu Rachman) zum Abbau der agoraphobischen Ängste.

➢ Durchführung von Maßnahmen der Exposition mit Reaktionsverhinderung (sensu Reinecker) zur Dämpfung des Waschzwangs.

➢ Zur Dämpfung physiologischer Erregung und zur Verbesserung der Regeneration (Schlaf) sollen Entspannungsverfahren eingeübt werden (PMR sensu Jacobson) – teilweise unter Einbeziehung imaginativer Techniken (sensu Lazarus) mit Zeitprojektion zum Aufbau positiver Zukunftserwartungen.

Den einzelnen Therapiezielen sollten die hierfür geeigneten verhaltenstherapeutischen **störungsspezifischen Methoden** zugeordnet werden, wobei die Verfahren durch die Namen der Begründer der Methoden benannt werden können. Die Methoden sollten aufgeführt werden in der Reihenfolge, in der sie zur Anwendung kommen sollen.

Der letzte Satz des Informationsblattes der Krankenkasse verdient hier besondere Beachtung, dort heißt es: „andere Verfahren als die in den Psychotherapierichtlinien genannten therapeutischen Interventionen können nicht Bestandteil des Behandlungsplanes sein". Die Frage **„Was sind verhaltenstherapeutische Verfahren gemäß Richtlinien?"** wird bei jeder Gutachtertagung breit diskutiert. Auf der einen Seite heißt es, das Gutachterverfahren ist nicht dazu da, alle möglichen Therapietechniken, die gerade in Mode sind, abzusegnen und ihnen damit Eingang ins Richtlinienverfahren zu verschaffen. Dem wird entgegengehalten, dass die Verhaltenstherapie, historisch gesehen, immer offen war für wissenschaftlich fundierte und empirisch evaluierte neue Behandlungsverfahren und sich die Gutachter nicht als Gralshüter altehrwürdiger Techniken sehen und sich neuen Erkenntnissen in den Weg stellen. Im Protokoll der Gutachtertagung (vom 23.05.2007 in Berlin) der Kassenärztlichen Bundesvereinigung heißt es hierzu:

> **Anhand des Beispielfalles wird, wie schon anlässlich vorhergehender Gutachtertagungen, bekräftigt, dass die Einbringung bestimmter Methoden wie EMDR, Trauma- oder Schematherapie nach Young dann seitens der Gutachter akzeptiert werden kann, wenn diese in einen entsprechenden Gesamtbehandlungsplan des behandelnden Richtlinienverfahrens integriert werden und somit nicht in den Vordergrund treten bzw. dominant ohne Bezug zu diesem Verfahren angewandt werden. Dabei muss die Konzeption des jeweiligen Richtlinienverfahrens jedoch erhalten bleiben.**

Insbesondere bei familiären Konflikten ist daran zu denken, **Ehepartner** oder andere Familienmitglieder für einige Sitzungen hinzuzuziehen. Außer bei Kinder- und Jugendtherapie kann hierzu **kein eigenes Stundenkontingent** beantragt werden. Man geht davon aus, dass der **Partner gemeinsam mit dem Patienten** erscheint.

Bei psychotischen Patienten oder Patienten mit anderen schweren körperlichen Erkrankungen, die auch medikamentös behandelt werden, sollte die **Kooperation mit dem Arzt** betont werden. Bei psychotischen Patienten besteht etwa ein wesentliches Therapieziel darin, die Compliance bezüglich der Medikamenteneinnahme und bezüglich notwendiger Arztbesuche etc. zu festigen.

Um die Therapie zu beenden, sollte der Patient schrittweise in die Lage versetzt werden, **Bewältigungsstrategien selbstständig** anzuwenden. Jetzt ist es notwendig, sowohl Selbstmanagement-Techniken anzuführen als auch eine **Dehnung der Behandlungsfrequenz** vorzunehmen und den Patienten ggf. auf **Selbsthilfegruppen** (bei Alkohol und Drogen immer!) hinzuweisen.

Beispiel:

➢ Die letzte Phase der Therapie soll, bei gedehnter Behandlungsfrequenz, der Stabilisierung und der Rückfallprophylaxe dienen. Der Schwerpunkt soll hier auf Selbstmanagement-Techniken (sensu Kanfer) liegen.

Neben der Beschreibung der **Behandlungsfrequenz** sollte auch die Sitzungsdauer angegeben werden (25, 50 oder 100 Minuten bzw. in Blockform bei Reizkonfrontation, die lege artis etwa bei Phobien oder Zwangsstörungen durchgeführt werden).

Bei Kombination von **Einzel- und Gruppenbehandlung** sind die Ziele, die im Rahmen der Gruppenbehandlung erreicht werden sollen, gesondert darzustellen. Genehmigte Einzelsitzungen können gemäß Schreiben der KBV vom 05.10.2006 **flexibel in Gruppensitzungen (à jeweils 100 Minuten) umgewandelt werden** (siehe hierzu Punkt 1.2).

Bei **Verhaltenstherapie mit Kindern** (bis zum vollendeten 21. Lebensjahr) kann eine Begleitbehandlung der Bezugspersonen beantragt werden im Verhältnis 1:4.

3.9 Beispielfall LZT

Bericht an den Gutachter zum Antrag auf Langzeittherapie

Patientenchiffre: S 02 04 39

0. Angaben zur Person

Der 62-jährige Jurist ist in zweiter Ehe mit einer zehn Jahre jüngeren Frau verheiratet und lebt am Rande einer Großstadt. Er komme auf Überweisung des Hausarztes.

1. Symptomatik

Der Patient klagt über Depressionen mit starken Verlustängsten und Schlafstörungen: Er schlafe während der letzten Monate teilweise nachts überhaupt nicht mehr, oder wenn, dann stundenweise, „und dann schrecke ich auf und habe furchtbare Verlassenheitsängste und komme aus dem Grübeln nicht mehr heraus". Außerdem leide er verstärkt unter Magenschmerzen und Sodbrennen. Seine um zehn Jahre jüngere Ehefrau behandle ihn nur noch abweisend, drohe, ihn zu verlassen, und habe seit drei Monaten jede Zärtlichkeit abgelehnt. Er leide insbesondere nach schlaflosen Nächten unter Schwindel, Kopfschmerzen und Konzentrationsstörungen, „sodass ich bei Verhandlungen nicht mehr zurechtkomme und es mir schwerfällt, auch nur mein Arbeitsmaterial zu packen".

Er sei wegen eines ähnlichen Zustandes – mit anschließendem Suizidversuch – 1996 stationär behandelt worden und habe in der Ambulanz derselben Klinik vier Jahre später eine ambulante psychoanalytische Behandlung durchgeführt. Sein Hauptziel in einer Verhaltenstherapie sei eine Bewältigung der Konflikte mit seiner Ehefrau, „weil ich inzwischen überhaupt keine Lebensfreude, sondern nur noch Angst habe und mich auch körperlich krank fühle".

2. Lebensgeschichtliche Entwicklung und Krankheitsanamnese

Seine Mutter sei sehr depressiv gewesen. Wohl wegen diesbezüglicher Klinikaufenthalte sei er als kleines Kind für einige Zeit in einem Kinderheim gewesen (keine aktive Erinnerung). Seinen Vater, einen selbstständigen Handwerker, habe er, bedingt durch Krieg und Kriegsgefangenschaft, erst im Alter von ca. neun Jahren wiedergesehen. Er habe den Vater sehr bewundert, „aber ich hatte immer das Gefühl, ihm nicht zu genügen". Nach den Gründen gefragt, schildert der Patient den Vater als einen eher sportlichen robusten Mann, „und ich war eher ein feinsinniger Junge".
An die Kriegszeit erinnere er sich auch noch, „wir hatten oft Hunger, meine Mutter weinte viel, und wir mussten nachts oft in den Bunker oder auf den Trittbrettern von Zügen von einem Ort zum anderen fahren". 1949 sei seine Schwester geboren, zu der er heute noch ein gutes Verhältnis habe.
Nach Abitur und Studium habe er bis zu seiner Pensionierung als Beamter der Stadtverwaltung gearbeitet.

Mit seiner ersten Frau, einer Ärztin, „hatte ich fast so etwas wie eine Symbiose". Mit den zwei Töchtern aus dieser Ehe seien sie in ein Bauernhaus gezogen aufs Land, „aber Helene fehlte die Stadt, und dann begann sie einen Flirt mit einem Kollegen, und als sie mich dann verließ, stürzte für mich alles zusammen, sodass ich nicht mehr leben wollte".

Seine jetzige Frau habe er auf einem Segeltörn kennengelernt. Sie sei zehn Jahre jünger und Lehrerin. Nach einer heftigen Verliebtheitsphase hätten sie auf einer Amerikareise geheiratet. Seine Frau verlange von ihm völlige Anpassung, „sie ist eifersüchtig auf alles aus meinem früheren Leben" – der Patient berichtet serienmäßig Episoden, in denen seine Frau ihm Szenen gemacht habe wegen aller möglichen Kleinigkeiten etc. Auch die zuvor durchgeführte psychoanalytische Therapie, die nach Meinung der Ehefrau „immer zwischen uns stand und uns immer weiter auseinander gebracht hat", sei unter anderem aus diesem Grunde beendet worden. Er habe außerdem im Computer seiner Frau eine Serie von E-Mails gefunden, die diese mit einem Kollegen ausgetauscht habe, „wobei sie sich mit Kosenamen benannt haben, von schönen Begegnungen sprachen etc.".

3. Aktueller psychischer Befund

Der Patient wirkt sowohl im Einzelgespräch als auch in einem gemeinsamen Gespräch mit der Ehefrau äußerst aufgewühlt, bekundet immer wieder seine Wünsche nach Zärtlichkeit und Nähe und zeigt sich zu allen Zugeständnissen bereit. Das ängstlich-anklammernde Verhalten im partnerschaftlichen Bereich mit häufigen Tränenausbrüchen steht im deutlichen Gegensatz zu der in anderen Bereichen gezeigten Stabilität.

Der Patient verfügt über sehr gute intellektuelle Fähigkeiten bei hoher emotionaler Differenziertheit. Es ergaben sich weder Hinweise auf mnestische Störungen noch auf inhaltliche oder formale Denkstörungen. Suizidale Tendenzen sind zwar latent vorhanden, wobei jedoch, dies wurde mit dem Patienten ausführlich erörtert, ein aktueller Handlungsimpuls glaubhaft verneint wurde. Die Möglichkeit einer stationären Behandlung wurde mit dem Patienten erörtert.
Die testpsychologischen Befunde sprechen für eine mittelgradige bis schwere Depression bei einer leicht erregbaren Persönlichkeit.

4. Somatischer Befund

Der Patient ist ca. 1,75 cm groß und von kräftiger Statur. Er ist Nichtraucher und trinke gelegentlich Wein oder Bier (kein Hinweis auf schädlichen Alkoholkonsum). Ansonsten siehe Konsiliarbericht.

5. Verhaltensanalyse

Depressionen mit körperlicher Unruhe, Schlafstörungen, ständigem Grübeln, Verlassenheitsängsten und teils überangepasstem, misstrauisch kontrollierendem Verhalten der Ehefrau gegenüber wurden mobilisiert durch das aus Sicht des Patienten zunehmend abweisende Verhalten der Ehefrau (Makroebene) sowie deren Außenkontakte.

Ausgegangen werden muss bezüglich der Entstehung der Symptomatik sowohl von dispositionellen Faktoren (sehr depressive Mutter) als auch von Deprivationserlebnissen der frühen Kindheit (Trennung von der Mutter durch kurzzeitige Heimaufenthalte, Trennung vom Vater durch Krieg und Gefangenschaft), sodass hier eine erhöhte Neigung zu Trennungsängsten bzw. zu einer dependenten Persönlichkeitsstörung entstanden sein könnte (**Organismusvariable**).

Die Mikroanalyse kann entweder als Fließtext (erste Variante) oder als schematische Darstellung (zweite Variante) ausgeführt werden.

Erste Variante: Fließtext

Auf der Mikroebene unmittelbar ausgelöst werden depressive Affekte mit physiologischem Arousal, kontrollierend anklammerndem Verhalten etc. (komplexe Symptomreaktion) insbesondere durch Verhaltensweisen der Ehefrau, die der Patient als zurückweisend erlebt oder die er als Zuwendung zu konkurrierenden Partnern interpretiert (Stimulusvariablen). Die Folge dieser Verhaltensweisen (Konsequenzen) sind in Anbetracht zur Disposition zu Verlustängsten (O) wütende und demütigende Reaktionen der Ehefrau, die ihrerseits die Depressionen und Verlassenheitsängste des Patienten erneut mobilisieren (teufelskreisartige Entwicklung).

Da inzwischen, unabhängig vom Verhalten der Ehefrau, allein entsprechende Phantasien (kognitive Auslöser) geeignet sind die destruktive Verhaltenskette in Gang zu bringen, bekommt die Problematik eine Eigendynamik mit Generalisierungseffekten, die sich auch auf die Arbeitswelt des Patienten auswirken, sodass auch sein berufliches Selbstbewusstsein Risse bekommt.

Zweite Variante: Schematische Darstellung der Verhaltensanalyse

Auslöser:	
S(situativ)	Partnerin weist ihn zurück, Partnerin telefoniert mit anderem Mann
S(kognitiv)	entsprechende Phantasien
Organismus:	
O	dispositionell begründete Beziehungsunsicherheit, sensibel reagierendes Nervensystem
Reaktionen:	
R(physiologisch)	Unruhe, Schlafstörungen, Magenbeschwerden
R(emotional)	Verlassenheitsängste, Hilflosigkeit
R(kognitiv)	Wie kann ich sie halten? Was tue ich, wenn sie geht?
R(verhaltensmäßig)	Fragen nach Zuwendung, Kontrollieren, anbiederndes Verhalten, Vorwürfe
Kontingenz:	
K	positive und negative Verstärkung folgen intermittierend, teils unmittelbar, teils langfristig
Konsequenz:	
C^+(situativ)	Partnerin zeigt Zuwendung
$\not{C}^-$(situativ)	Partnerin beschwichtigt ihn (Spannungsreduktion)
C^-(situativ)	Partnerin reagiert wütend/aufbrausend
C-(emotional)	Enttäuschung, Vertiefung der Angst

6. Diagnose

Rezidivierende depressive Störung, gegenwärtig mittelgradige bis schwere Episode mit somatischem Syndrom (ICD-10 Nr.: F33.11).

7. Therapieziele und Prognose

Übergeordnete Therapieziele sind eine Reduktion depressiver Affekte und Dämpfung der physiologischen Unruhe. Als wesentliches Therapieziel erscheint hier speziell der Wiederaufbau einer größeren Autonomie (Intensivierung eigener Interessen), um die derzeitig einseitige Fokussierung auf die Ehefrau zu mildern, sowie eine Verbesserung der partnerschaftlichen Interaktion.

Prognostisch ungünstig ist die Vorgeschichte des Patienten, die auf eine starke Verankerung der Depressivität und Dependenz in der Persönlichkeit hinweist. Ebenfalls ungünstig ist die derzeit starke Gereiztheit der Ehefrau, die jedoch grundsätzlich ihre Bereitschaft zur Mitarbeit erklärt hat. Dies sowie auch die bisher im Rahmen der probatorischen Sitzungen gezeigte starke Veränderungsmotivation und Einsichtsfähigkeit sowie auch die zu aktivierenden Ressourcen (Hobbys und Freundschaften) ermutigen zu einer ausreichend günstigen Prognose.

8. Behandlungsplan

Zur Erreichung der umfassenderen Therapieziele sollen vordringlich folgende Teilziele angestrebt werden bzw. Techniken zur Anwendung kommen:

- Etablierung eines vertrauensvollen Arbeitsbündnisses durch sachkundige Exploration der Symptomatik und einfühlsame ressourcenorientierte Anamneseerhebung.

- Aufbau einer differenzierten Selbstwahrnehmung zur Identifikation von Bedingungszusammenhängen mittels Self-Monitoring.

- Erarbeitung und Fortschreibung der Verhaltensanalyse mit dem Ziel, den Zusammenhang zwischen auslösenden Bedingungen, kognitiven Strukturen und Symptomverhalten aufzuzeigen.

- Vermittlung eines plausiblen Erklärungsmodells unter Einbeziehung der Ergebnisse aus der Self-Monitoring-Phase sowie anamnestisch bedeutsamer Faktoren, hier insbesondere die kindlichen Deprivationserlebnisse, die Ursache sein dürften für Bindungsängste, ambivalentes Partnerschaftsverhalten und ängstliches Anklammern.

- Einsatz von psychoedukativen Methoden und Selbstkontrolltechniken zur Identifikation und Reduktion kontrollierender und anklammernder Verhaltensweisen, um den Teufelskreis von Annäherung und Zurückweisung zu unterbrechen.

- Strukturierung des Tagesablaufs unter Einbeziehung euthymer Aktivitäten (sensu Lutz) mit dem Ziel der Verbesserung der Verstärkerbilanz. Durch Sport und Aktivitäten im Freundeskreis soll die einseitige Fokussierung auf die Ehefrau gemildert werden.

- Unter Einbeziehung der Ehefrau sollen gezielte Maßnahmen zur Verbesserung der Interaktion und Kommunikation (sensu Bornstein/Bornstein) durchgeführt werden, um zu erproben, ob die Basis für eine Partnerschaft rekonstruiert werden kann.

- Zur Dämpfung physiologischer Erregung und zur Verbesserung der Regeneration (Schlaf) sollen Entspannungsverfahren eingeübt werden (PMR sensu Jacobson) – teilweise unter Einbeziehung imaginativer Techniken (sensu Lazarus) mit Zeitprojektion zum Aufbau positiver Zukunftserwartungen.

- Die letzte Phase der Therapie soll, bei gedehnter Behandlungsfrequenz, der Stabilisierung und der Rückfallprophylaxe dienen. Der Schwerpunkt soll hier auf Selbstmanagement-Techniken (sensu Kanfer) liegen.

Geplant sind 45 Einheiten Verhaltenstherapie in Einzelsitzungen (einige Sitzungen unter Einbeziehung der Ehefrau), die zu Beginn zweimal die Woche, später wöchentlich und gegen Ende der Behandlung in ausschleichender Frequenz durchgeführt werden sollen. Die Sitzungen unter Einbeziehung der Ehefrau sollen als Doppelstunden durchgeführt werden.

Köln, den ...
Unterschrift, Stempel

Weitere Beispiele finden Sie im Anhang!

4 Bericht zum Antrag auf Kurzzeittherapie

4.1 Indikation für Kurzzeitanträge

Die Richtlinien sehen lediglich **drei Indikationen** vor für die Begründung einer Kurzzeittherapie:

1. **Interventionen in einer akuten Krise**
2. **Wenn eine Therapie voraussichtlich im Rahmen von 25 Sitzungen erfolgreich abgeschlossen werden kann**
3. **Zur Überprüfung der Indikationsstellung für LZT**

Während vom Gutachterverfahren für Kurzzeitbehandlungen befreite Therapeuten fast immer den problemlosen berichtfreien Kurzzeitantrag stellen, den sie gegebenenfalls nach ca. 20 Sitzungen umwandeln, verfassen nicht befreite Therapeuten gleich den Langzeitantrag, um sich doppelte Arbeit zu ersparen.

Der **Kurzzeitbericht** soll lediglich **1–1½ Seiten** umfassen, enthält jedoch, wie das Informationsblatt der Krankenkasse zeigt, praktisch dieselben Unterpunkte wie der Langzeitbericht (aus den Richtlinien der Krankenkassen [siehe Anhang 1]):

1. *Beschwerden, Zeitpunkt und Anlass der Symptombildung*
2. *Problemrelevante Angaben zur Vorgeschichte*
3. *Psychische Symptomatik und psychischer Befund*
4. *Somatische Symptomatik und somatischer Befund (siehe ggf. Konsiliarbericht)*
5. *Verhaltensanalytische Problemdefinition (Störungsmodell)*
6. *Diagnose(n) (ICD-10)*
7. *Therapieziele und Prognose*
8. *Therapieplan inkl. Begründung der Indikation und der wesentlichen Interventionen.*

Derartige **Kurzzeittherapien** können (als Überprüfung der Indikation für LZT) gut begründet werden bei Patienten mit eingeschränkten Verständnismöglichkeiten (geistige Behinderungen, langwierige Psychosen mit Minussymptomen), starken Chronifizierungen, bei denen inzwischen schon viele Behandlungsversuche gescheitert sind, der Patient jetzt aber aus irgendwelchen Gründen meint, sich verbessern zu können, oder insbesondere auch bei einer schwankenden Motivationslage, wie sie sich etwa häufig bei Essstörungen, bei Borderline-Störungen oder Suchtpatienten findet.

Wird nach einer solchen Kurzzeittherapie von 25 Sitzungen dann ein Umwandlungsantrag auf Langzeittherapie gestellt, sollte eine Kopie des Erstberichts beigefügt werden, sodass dann nur noch ein sehr kurzer Zusatzbericht mit positiven Ergebnissen angehängt werden muss, um die Langzeittherapie zu begründen.

Der zuvor unter 3.9 dargestellte Musterfall (S 02 04 39) könnte für einen Kurzzeitantrag begründet werden, mit der Notwendigkeit einer **Intervention bei einer akuten Krise.** Als Kurzzeitantrag sähe er etwa aus wie folgt:

4.2 Beispielfall KZT

0. Der 62-jährige Jurist ist in zweiter Ehe mit einer zehn Jahre jüngeren Frau verheiratet und lebt am Rande einer Großstadt. Er komme auf Überweisung des Hausarztes.

1. Der Patient klagt über Depressionen mit starker körperlicher Unruhe, Schlafstörungen, Magenbeschwerden, Verlustängsten und ständigem Grübeln. Deutliche Konzentrationsstörungen behinderten ihn in seinem Beruf. Auslösend sei eine anhaltende Ehekrise, weil seine Frau sich mehr und mehr von ihm abgewandt habe.

2. Seine Mutter sei depressiv gewesen, sodass er als kleines Kind teilweise im Kinderheim untergebracht gewesen sei. Seinen Vater, einen selbstständigen Handwerker, habe er nach der Kriegsgefangenschaft erst im Alter von neun Jahren wiedergesehen. Er habe seinem Vater „nie genügen können".
Nach Abitur und Studium arbeitete er als Angestellter der Stadtverwaltung.
Eine erste Ehe, der zwei Töchter entstammen, scheiterte „unter katastrophalen Umständen", weil seine Frau ihn wegen eines anderen Mannes verlassen habe. Nach einem Suizidversuch sei er 1996 stationär und später ambulant tiefenpsychologisch behandelt worden.
Seine derzeitige Frau, eine um zehn Jahre jüngere Lehrerin, habe er vor ca. zwei Jahren geheiratet. Nach einer heftigen Verliebtheitsphase sei die Beziehung inzwischen stark abgekühlt, und er werde oft von seiner Frau zurückgewiesen und habe beobachtet, dass sie Kontakt zu anderen Männern habe.

3. Der Patient macht einen sehr niedergeschlagenen, aber körperlich sehr erregten Eindruck und zeigt ein starkes Bedürfnis nach Hilfe. Seine Redeweise ist oft weitschweifig und fahrig. Es ergaben sich keine Hinweise auf psychopathologische Störungen im engeren Sinne. Eine latente Suizidneigung ist vorhanden, ein aktueller Handlungsimpuls wurde jedoch glaubhaft verneint.

4. Siehe Konsiliarbericht.

5. Eine genetische Disposition für Depressionen ist nicht auszuschließen (depressive Mutter). Hinzu kommen Deprivationserlebnisse in der Kindheit durch Heimunterbringung sowie die traumatische Trennungssituation von der ersten Ehefrau.
Aktuell mobilisiert werden depressive Affekte mit physiologischen Dysfunktionen (R) durch die aktuelle Ehekrise (S), die geeignet ist, die dispositionell begründete Beziehungsunsicherheit (O) des Patienten zu mobilisieren.
Die Reaktionen der Ehefrau (C^-), teils beschwichtigend, teils gereizt (intermittierende Verstärkung), erhöhen Ängste und anklammerndes Verhalten, was aufseiten der Ehefrau zu erneuten und schärferen Zurückweisungen führt (Teufelskreis). Ressourcen des Patienten, wie seine vielfältigen Hobbys und Interessen, werden vernachlässigt (defizitäres Verhalten) zugunsten exzessiver selbstquälerischer Grübeleien.

6. Rezidivierende depressive Störung, gegenwärtig mittelgradige Episode mit somatischem Syndrom (ICD-10: F33.11).

7. Wesentliche Therapieziele sind eine Reduktion depressiver Affekte, physiologischer Unruhe und exzessiven Grübelns durch eine Lockerung der Fokussierung auf seine Ehefrau und eine Aktivierung autonomen Verhaltens – auch mit dem Ziel, die eheliche Interaktion zu entspannen und zu verbessern.
Prognostisch ungünstig sind die zugrunde liegenden dispositionellen Faktoren, die Chronifizierung der Störung sowie die derzeitig gespannte Haltung zwischen den Eheleuten. Positiv zu bewerten ist die gute Einsichtsfähigkeit des Patienten und seine Motivation zur Veränderung sowie die Bereitschaft der Ehefrau zur Kooperation, sodass insgesamt von einer ausreichend günstigen Prognose für eine Linderung der Beschwerden ausgegangen werden kann.

8. Wesentliche Therapieschritte und Interventionen:
- Erarbeitung einer Tagesstruktur zur Ressourcenaktivierung und Defokussierung von der ehelichen Krise und Verbesserung der Verstärkerbilanz.
- Self-Monitoring bezüglich dependenter Verhaltensweisen (Zuwendung Suchen, Kontrollieren, Fragen etc.) und Erarbeitung des Zusammenhangs von auslösenden Bedingungen und destruktiven Effekten (Teufelskreismodell) mit dem Ziel einer diesbezüglich verbesserten Selbstkontrolle.
- Teilweise unter Einbeziehung der Ehefrau: Erarbeitung von Spielregeln zur Verbesserung der Interaktion.
- Einübung von Entspannungstechniken zur Dämpfung physiologischer Unruhe und zur Verbesserung des Schlafes.
- Gegen Ende der Behandlung bei gedehnter Behandlungsfrequenz Maßnahmen zur Rückfallprophylaxe und Self-Management.

Geplant sind vorerst 25 je 50-minütige Sitzungen, die anfangs zweimal pro Woche durchgeführt werden sollen. Bei Einbeziehung der Ehefrau sind 100-minütige Sitzungen geplant.

Köln, den ...
Unterschrift, Stempel

Wie das Beispiel zeigt, sind die vorgegebenen acht Punkte zur Kurzzeitbeantragung auf einer bis eineinhalb Seiten kaum darstellbar. Die Reduktion auf relevante Aspekte ist teilweise mühevoller als eine etwas umfangreichere Darstellung, und dies mag erklären, warum nicht mal 6 % der Berichte, die einem Gutachter vorgelegt werden, Berichte zum Kurzzeitantrag sind.

5 Bericht zur Umwandlung einer Kurzzeittherapie in eine Langzeittherapie

5.1 Umwandlungsbericht als Erstbericht

Für Therapeuten, die von der Berichtspflicht für KZT befreit sind, ist der Umwandlungsbericht der Erstbericht. Da diese Befreiung über kurz oder lang für alle niedergelassenen Kollegen gilt, bekommt der Gutachter zu fast 70 % diese Form des Antrags auf den Schreibtisch.

Im Informationsblatt der Krankenkassen (siehe Anhang 1) heißt es hierzu:

> *Dient der Erstantrag der Umwandlung von Kurzzeittherapie in Langzeittherapie, sind im Bericht zusätzlich folgende Fragen zu beantworten:*
> *a) Womit wird die Kurzzeittherapie begründet?*
> *b) Welches sind die Gründe für die Änderung der Indikation und Umwandlung in Langzeittherapie?*
> *c) Welchen Verlauf hatte die bisherige Therapie?*

Aus praktischen Gründen ist es einfacher, die Punkte 9. a) und 9. b) zusammenzufassen und den Punkt 9. c) hinter dem Punkt 8, Behandlungsplan, aufzuführen, da sonst der Behandlungsverlauf eines Patienten beschrieben wird, ohne dass der lesende Gutachter überhaupt weiß, um welche Problematik es sich handelt.

Da es gemäß Richtlinien nur drei Begründungen gibt für die Beantragung von KZT (1. Intervention in einer akuten Krise; 2. Aussicht auf Erfolg im Rahmen von 25 Sitzungen; 3. Überprüfung der Indikationsstellung für LZT), kann der Umwandlungsantrag etwa wie folgt begonnen werden:

Beispiel:

0. Angaben zur Person: Der 45-jährige Maschinenschlosser ist verheiratet und lebt mit Frau und zwei Kindern in einem Reihenhaus.

9. a) und **b)** Begründung für Kurzzeittherapie und Umwandlung

Beispiel (Krisenintervention):
9. a)/b): Die Kurzzeittherapie wurde beantragt zur schnellen Krisenintervention.
Die Depressionen des Patienten hatten sich während der letzten Wochen vor Behandlungsbeginn sehr stark verstärkt, sodass der Patient fürchtete, seiner Arbeit bald nicht mehr nachgehen zu können. Aufgrund der Schwere der Erkrankung sowie auch der Chronifizierung war jedoch nicht von einem schnellen Behandlungserfolg auszugehen ...

Beispiel (schneller Behandlungserfolg):

9. a)/b): Die Kurzzeittherapie wurde beantragt, da die phobische Störung des Patienten noch nicht chronifiziert war und im Rahmen der probatorischen Sitzungen bereits erste Erfolge hatten erzielt werden können. Im Verlaufe der Behandlung traten jedoch depressive Züge immer stärker in den Vordergrund, die nun ihrerseits zum zentralen Thema der Behandlung geworden sind, sodass bisher keine ausreichende Stabilisierung erzielt werden konnte.

Es ist eine häufige Erfahrung, dass sich nach einer primär symptomorientierten Behandlung zeigt, dass diese quasi eine darunterliegende Störung überdeckte. Dass etwa die Phobie, die die ständige Begleitung des Partners erforderte, Teil einer dependenten Persönlichkeitsstörung war, die sich im Zuge der Angstbehandlung deutlich hervorhebt und erhebliche Krisen bewirkt.

Beispiele (Überprüfung der Indikation):

9. a)/b): Die Kurzzeittherapie wurde beantragt, um zu überprüfen, inwieweit der Patient in der Lage ist, das Behandlungsangebot effizient zu nutzen. Die anfangs noch schwankende Motivation hat sich jedoch im Laufe der Behandlung weiter gefestigt, sodass nun eine Langzeittherapie aussichtsreich erscheint ...

9. a)/b): Die Kurzzeittherapie wurde beantragt, um zu überprüfen, ob der Patient in der Lage ist, die Alkoholabstinenz weiter aufrechtzuerhalten. Im Rahmen der Behandlung hat sich seine Motivation weiter gefestigt. Er ist seit Behandlungsbeginn (bzw. seit Klinikentlassung) abstinent, was auch der behandelnde Arzt (kontinuierliche Urinkontrollen) bestätigt hat, sodass nun davon ausgegangen werden kann, dass eine ambulante LZT ...

9. a)/b): Die Kurzzeittherapie wurde beantragt, um zu überprüfen, ob der Patient trotz seiner eingeschränkten Verständnismöglichkeiten in der Lage ist, das therapeutische Angebot adäquat zu nutzen. Es hat sich gezeigt, dass dies der Fall ist, wobei jedoch in kleinen Schritten vorgegangen werden muss.

Darunter sollte auf den Punkt **9. c)** hingewiesen werden, der hinter dem Punkt 8 abgehandelt wird:
9. c) Siehe hinter Punkt 8.

Es folgt dann bei **Umwandlungsanträgen nach Kurzzeitberichten** (siehe Punkt 5.2) der Hinweis auf diesen **beigelegten** Bericht mit eventuellen Ergänzungen. Bei Umwandlungsanträgen als Erstbericht folgen die Punkte 1–8 (wie im Erstbericht LZT, siehe Punkt 3.) mit geringfügigen Änderungen (siehe Punkt 5.3.).

Es folgt der Punkt
9. c) Bisheriger Behandlungsverlauf

Beschrieben werden soll hier:

a) die Mitarbeit des Patienten
b) die bisher angewandten Behandlungsverfahren und Fortschritte
c) die noch vorhandene krankheitswertige Störung
d) die weiteren geplanten Maßnahmen zur Krankheitsbewältigung

Begonnen wird hier meist mit der Angabe der Sitzungen:

Beispiel:

➢ Durchgeführt wurden seit Mai vorigen Jahres 22 Sitzungen Einzeltherapie zumeist in wöchentlichem Abstand.

Es folgt:

a) Eine kurze Angabe bezüglich der Mitarbeit des Patienten

Beispiele:

➢ Die Patientin erschien pünktlich und regelmäßig zu den vereinbarten Sitzungen und zeigte eine engagierte Mitarbeit.

➢ Der Patient zeigte sich zu Beginn der Behandlung sehr ängstlich und abwehrend, sodass viel Überzeugungsarbeit geleistet werden musste und nur kleinschrittig vorgegangen werden konnte.

➢ Es fiel dem Patienten zu Beginn der Behandlung sehr schwer, offen über seine Probleme zu sprechen. Angesichts seiner belastenden Vorerfahrungen gelang es nur sehr schwer, seine ablehnende Haltung zu überwinden ...

➢ Angesichts der sehr eingeschränkten Verständnismöglichkeiten des Patienten konnte nur sehr langsam und kleinschrittig vorgegangen werden ...

➢ Der Patient stand zu Beginn der Behandlung unter sehr hohem emotionalen Druck, sodass angesichts seines sprudelnden Redeflusses eine strukturierte Vorgehensweise erst allmählich in Gang kommen konnte ...

b) Beschreibung der bisher **angewandten Behandlungsverfahren** und **der Fortschritte** bei der **Reduktion oder Bewältigung der Symptomatik** (wenn möglich in quantifizierter Form).

Beispiele:

➢ Zu Beginn der Behandlung wurde der Patient ausführlich unterrichtet bezüglich der evolutionär adaptiven Funktion der Ängste, des Teufelskreises der Angst sowie der negativen Folgen seines Vermeidungsverhaltens. Mithilfe von Entspannungstraining und zügig durchgeführten ersten Konfrontationsübungen gelang es dem Patienten schon innerhalb der Kurzzeittherapie, anfangs in Begleitung, später auch alleine, das Haus zu verlassen und nahegelegene Supermärkte aufzusuchen. Bezüglich seiner Probleme am Arbeitsplatz wurde auf der Grundlage seiner Selbstprotokolle (gemäß Behandlungsplan) ein gezieltes Stressbewältigungstraining durchgeführt, wodurch sich die Situation mit seinem neuen Vorgesetzten deutlich entspannt habe.

➢ Nach einer ausführlichen Protokollierung der Zwangsrituale, die teilweise in therapeutischer Begleitung im Haushalt des Patienten durchgeführt wurde (Baseline), wurden mit dem Patienten in massierter Vorgehensweise Übungen absolviert, die Kontrollen abzukürzen und dann, nach einer vorher vereinbarten Zeit, die Wohnung zu verlassen. Die anfänglichen Widerstände des Patienten waren sehr groß, sodass sich insbesondere die „Hausaufgaben" problematisch gestalteten und mehrfach Hausbesuche erfolgen mussten.

➢ Die Kontrollzwänge, die bei Beginn der Behandlung jeweils vor Verlassen des Hauses ca. eineinhalb bis zwei Stunden einnahmen, konnten inzwischen auf ca. eine halbe Stunde reduziert werden. Die Patientin erlebt dies als deutliche Entlastung, sodass auch Ängste und Depressionen, die bei Beginn der Behandlung sehr deutlich ausgeprägt waren, zugunsten von mehr Selbstvertrauen zurückgegangen sind. Fehlzeiten am Arbeitsplatz sind während der letzten beiden Monate nicht mehr vorgekommen, sodass die Patientin inzwischen nicht mehr um ihren Arbeitsplatz fürchten muss.

➢ Zu Beginn der Behandlung hatte die Patientin ein sehr starkes Bedürfnis, über ihre Trauer und Verlassenheitsgefühle zu sprechen, was sie selbst, wie sie betonte, als entlastend erlebte. Ein Teil der Sitzungen wurde jedoch gleich von Beginn an zur Tagesstrukturierung genutzt, mit der Anleitung täglich mindestens einmal die Wohnung zu verlassen und soziale Kontakte zu knüpfen. Die depressive Stimmung konnte dadurch inzwischen deutlich verringert werden, zumal die Patientin sich auch entschloss, ihren Tennisclub wieder aufzusuchen.

c) Aufführung der noch vorhandenen **krankheitswertigen Störungen,** die eine Weiterbehandlung begründen.

Beispiele:

➢ Die Panikanfälle, die zu Beginn der Behandlung ca. sechs- bis achtmal pro Woche auftraten, sind während des letzten Monats insgesamt nur noch fünfmal vorgekommen. Insbesondere wenn der Patient berufliche Belastungen erwartet (z. B. Unterredungen mit dem Chef, einen neuen Kunden oder außerhäuslichen Termin), erlebt er eine sehr starke Erwartungsspannung, sodass er einen Panikanfall befürchtet und sich vielfach noch Ausreden ausdenkt, um der Situation auszuweichen.

➢ Depressive Affekte, Schlafstörungen und Herzbeschwerden konnten im Rahmen der Kurzzeitbehandlung weitgehend reduziert werden. Die Patientin konnte ihre Arbeit wieder aufnehmen (nach dem Hamburger Modell) und erlebt den hierdurch strukturierten Tag sowie den Umgang mit den Kollegen als sehr hilfreich. Die Angst, am Arbeitsplatz zu versagen, ist derzeitig jedoch sehr stark ausgeprägt, und bei kleinen Pannen oder Kritik muss die Patientin jedes Mal ermutigt werden, wieder ins Büro zu gehen.

➢ Trotz dieser Verbesserungen (bezogen auf die oben genannten Punkte) gelingt es dem Patienten noch nicht, wieder alleine Auto zu fahren oder eine Straßenbahn zu benutzen, sodass er immer noch auf die Hilfe seiner Ehefrau angewiesen ist. Seine beruflichen Aktivitäten sind hierdurch sehr stark eingeschränkt, und auch die Teilnahme an gesellschaftlichen Aktivitäten wie etwa Familienfeiern oder Betriebsfesten lösen bei ihrer Ankündigung starke körperliche Erregung aus, sodass hier weiterer Behandlungsbedarf besteht.

➢ Die Verkürzung der Zwangsrituale auf ca. eine halbe Stunde wird auch von der Patientin noch nicht als befriedigend erlebt, zumal sie diese Fortschritte bisher nur mithilfe eines Antidepressivums (siehe Konsiliarbericht des behandelnden Psychiaters) erzielte.

➢ Die emotionale Situation der Patientin ist jedoch noch sehr labil, jede Konfrontation mit dem Ehemann, insbesondere wenn Briefe kommen vom Scheidungsanwalt, bewirken heftige Erregungsstürme mit erneuten Herzsensationen und exzessivem Grübeln, sodass sie dann auch „Nottermine“ aufsuchen musste.

d) Des Weiteren sollten **Schwerpunkte** benannt werden bezüglich **der** unter den Punkten 7 und 8 aufgeführten **Ziele und Methoden,** die geeignet sind, die **verbliebene Symptomatik zu beheben bzw. zu reduzieren.** Werden lediglich allgemeine Ziele aufgeführt, wie etwa „Stabilisierung des Erreichten“ oder „Hebung des Selbstbewusstseins“ etc., könnte dies ein Ablehnungsgrund sein. Genannt werden sollten auch **Maßnahmen zur Ablösung aus dem therapeutischen Prozess** und eventuell zur **Überleitung an andere therapeutische Institutionen, Selbsthilfegruppen, Betreuungsmaßnahmen** etc.

Beispiele:

➢ Das nun beantragte Stundenkontingent soll insbesondere genutzt werden zur gezielten Konfrontation mit den bisher gemiedenen Situationen. Der Patient ist bereit (im Rahmen von Doppelsitzungen) zu gemeinsamen Straßenbahnfahrten sowie zu entsprechenden Übungen im Rahmen von „Hausaufgaben“. Geplant ist auch die Wiederaufnahme von Autofahrten, die der Patient eventuell anfangs in Begleitung eines Fahrlehrers unternehmen will.

➢ Die Übungen zur Verkürzung der Zwangsrituale sollen konsequent weiter fortgeführt werden, wobei die Patientin die dabei auftretenden Spannungen und Ängste im Rahmen der therapeutischen Sitzungen reflektieren soll. In einigen gemeinsamen Übungen (in der Wohnung der Patientin) sollen derartige Spannungen durch weitere Beschleunigung bewusst provoziert werden, wobei die Patientin die Wohnung erst wieder betreten darf, wenn sich ihr Erregungsniveau normalisiert hat. Bei weiterer Verbesserung des Zustandes soll, in Absprache mit dem behandelnden Psychiater, die Medikation allmählich ausgeschlichen werden.

➢ Im nun beantragten Therapieabschnitt soll die Patientin schwerpunktmäßig angeleitet werden, sich mit dem Ehemann und der Scheidungssituation konstruktiver auseinanderzusetzen: Maladaptive Klagen und Sticheleien, die den Ehemann zu Aggressionen herausfordern, bei gleichzeitiger Nachgiebigkeit in wesentlichen Punkten sind immer wieder Auslöser für Kränkung und Selbstverachtung und bewirken die Neigung, „dass ich mich wieder in ein Mauseloch verkrieche". Derartige Situationen sollen antizipiert, strukturiert und im Rollenspiel eingeübt werden.

Zweckmäßigerweise erfolgt bei einem Umwandlungsantrag die **Prognose** entweder am **Schluss des Berichtes,** also **hinter dem Punkt 9,** weil hierbei die Ergebnisse der KZT mit zu berücksichtigen sind, oder aber, falls der Punkt Prognose **wie im üblichen Erstantrag im Punkt 7** erfolgt, sollte dort auf den bisherigen **Behandlungsverlauf hingewiesen** werden.

Unser **Beispielfall** sähe dann so aus:

Bericht zum Umwandlungsantrag für Chiffre S 02 04 39

0. Der 62-jährige Jurist ist in zweiter Ehe mit einer zehn Jahre jüngeren Kollegin verheiratet und lebt am Rande einer Großstadt. Er komme auf Überweisung des Hausarztes.

9. a)/b) Die KZT wurde beantragt zur schnellen Krisenintervention und um die Indikation für eine ambulante Therapie zu überprüfen (gegenüber stationärer Behandlung). Angesichts der Schwere der Störung war nicht von einem schnellen Behandlungserfolg auszugehen.

9. c) (Siehe am Ende des Berichts).

1. Symptomatik zu Beginn der Behandlung
Der Patient klagt über ... (identischer Text zu LZT).

Die Punkte 2 bis 6 folgen ohne Änderung wie unter Punkt 3 beschrieben.

7. Der Punkt **Prognose** hier entweder unter Berücksichtigung der Erfolge der KZT oder **besser noch in Anschluss an Punkt 9. c).**

8. Behandlungsplan bzw. durchgeführte Behandlung
Zur Erreichung der umfassenderen Therapieziele ... (identischer Text).

9. c) Durchgeführt wurden seit Mai vorigen Jahres 22 Sitzungen Einzeltherapie, zumeist in wöchentlichem Abstand, einige Sitzungen unter Einbeziehung der Ehefrau.
Der Patient erschien pünktlich und regelmäßig zu den vereinbarten Sitzungen, wobei seine starke Erregung zu Beginn der Behandlung eine strukturierte Vorgehensweise erschwerte. Seinem eigenen Bekunden nach erlebte er „die Möglichkeit, dass ich hier mal alles rauslassen kann, mir von der Seele reden kann", als sehr entlastend.

Gemäß Therapieplan (siehe Punkt 8) wurde der Patient angeleitet, seine Stimmungsschwankungen mit belastenden Ereignissen täglich zu protokollieren – als Grundlage für ein gezieltes Konfliktbewältigungstraining.
Ebenfalls zu Beginn der Behandlung wurde eine Strukturierung des Tagesablaufs vorgenommen mit dem Ziel, durch sinnvolle Beschäftigung das exzessive Grübeln zu unterbinden und die Verstärkerbilanz zu erhöhen.
Der Patient nahm wieder, was ihm anfänglich schwerfiel, sein regelmäßiges Joggen auf und verabredete sich, auch ohne seine Ehefrau, mit Freunden und Bekannten. Hierdurch trat eine deutliche Entspannung ein, was sich auch im Rahmen der Sitzungen dadurch bemerkbar machte, dass der Patient nicht mehr ausschließlich über seine Ehe sprach, sondern andere Dinge ihm wieder wichtiger wurden.
Die Situation ist jedoch insgesamt sehr labil: Insbesondere während der drei gemeinsamen Sitzungen mit der Ehefrau geriet der Patient wieder in deutliche Erregung. Der von seiner Frau hierbei geäußerte Wunsch, eine Woche alleine zu verreisen, stürzte ihn wieder in eine tiefe Krise mit stark erhöhtem Blutdruck und erhöhtem Medikamentenbedarf.
Geplant sind nun weitere 20 Sitzungen zur Verbesserung der partnerschaftlichen Spielregeln einerseits und zur Erarbeitung einer größeren Unabhängigkeit andererseits. Angewandt werden sollen hierzu sowohl Methoden der kognitiven Umstrukturierung maladaptiver Schemata („Ich kann nur glücklich sein, wenn sie lieb zu mir ist"; „Ich bin nichts wert, wenn sie mich nicht beachtet.") sowie auch die gezielte Aktivierung weiterer Ressourcen und sozialer Kontakte.
Die Prognose ist, so weit von der Ehefrau abhängig, derzeitig unsicher. Die Mitarbeit des Patienten ist weiterhin sehr konsequent, zumal er erlebt, „dass es mir deutlich besser geht, wenn ich nicht um meine Frau kreise". Depressive Affekte und Erregungszustände, die zu Beginn der Behandlung ca. sechs- bis achtmal pro Woche auftraten, sind während des letzten Monats insgesamt nur noch fünfmal vorgekommen.

5.2 Umwandlungsbericht nach Kurzzeitbericht

Dies gilt nur für Therapeuten, die **noch nicht** von der Berichtspflicht für Kurzzeitanträge befreit sind. **Da Folgeberichte stets an den jeweiligen Vorgutachter gehen,** darf davon ausgegangen werden, dass diesem der Erstbericht vorliegt. Der Umwandlungsbericht versteht sich also lediglich als **Ergänzung.** Um dem Gutachter (und auch sich selbst) die Arbeit zu erleichtern, empfiehlt es sich, trotzdem eine **Kopie des Erstberichts** beizulegen. Es sind dann lediglich zu den einzelnen Punkten ergänzende Angaben zu machen, was von Kollegen, die geschickt mit einem Computer umzugehen wissen, oft so gehandhabt wird, dass die neuen Angaben in Kursiv-Schrift den alten Angaben hinzugefügt werden.

Ausführlich behandelt werden muss der Punkt **9. c), bisheriger Therapieverlauf,** wobei bezüglich der Behandlung des Punktes 9 dieselben Empfehlungen zu beachten sind wie für Kollegen, die von der Berichtspflicht für Kurzzeitanträge befreit sind und für die der Umwandlungsantrag der Erstantrag ist (siehe Punkt 5.1).

6 Fortführungsanträge

6.1 Verlängerung von 45 auf 60 Sitzungen

In den Richtlinien der Krankenkassen heißt es hierzu:

1. ***Wichtige Ergänzungen zu den Angaben in den Abschnitten 1.–3. und 5. des Berichtes zum Erstantrag auf VT 3a***

   Lebensgeschichtliche Entwicklung und Krankheitsanamnese, psychischer Befund und Bericht der Angehörigen des Patienten, Befundbericht aus ambulanten oder stationären Behandlungen, ggf. testpsychologische Befunde.
   Ergänzungen zur Diagnose bzw. Differentialdiagnose.

2. ***Zusammenfassung des bisherigen Therapieverlaufs***

   Ergänzung oder Veränderungen der Verhaltensanalyse, angewandte Methoden, Angaben über die bislang erreichte Veränderung der Symptomatik, ggf. neu hinzugetretene Symptomatik, Mitarbeit des Patienten und ggf. Beziehungspersonen.

3. ***Beschreibung der Therapieziele für den jetzt beantragten Behandlungsabschnitt und ggf. Änderung des Therapieplans***

   Prognose nach dem bisherigen Behandlungsverlauf und Begründung der noch wahrscheinlich notwendigen Therapiedauer mit Bezug auf die Veränderungsmöglichkeiten der Verhaltensstörungen des Patienten.

Fortführungsanträge sind meist eine bis eineinhalb Seiten lang. Dieser Bericht, so ist die Regel, geht an denselben Gutachter wie der Bericht zum Erstantrag (dieser ist also beim Gutachter archiviert). Trotzdem empfiehlt es sich (zur Arbeitserleichterung für den Gutachter sowie auch für die eigene Person), den **Erstbericht mitzuschicken,** sodass man sich leichter im Text auf diesen beziehen kann.

Es gibt Therapeuten, die zu jedem einzelnen Punkt des Erstberichtes (1. bis 5.) separate Angaben machen – meist mit dem Hinweis, dass sich nichts geändert habe. Einfacher ist es, diese Punkte zusammenzufassen und nur die wichtigsten Aspekte darzustellen, die sich während des letzten Therapieabschnittes verändert haben.

Dies sieht dann etwa so aus:

Beispiele:

1. **Wichtige Ergänzungen zu den Angaben des Vorberichtes (siehe Vorbericht vom Soundsovielten in der Anlage)**
   - Bei Herrn S. wurde im September dieses Jahres ein Prostatakarzinom entdeckt ...
   - Die Eheleute haben sich zwischenzeitlich getrennt. Frau A. ist mit den beiden Töchtern in eine eigene Wohnung gezogen ...
   - Im Dezember vergangenen Jahres meldete die Firma von Herrn P. Konkurs an, sodass er seine Stelle verlor.
   - Frau R. konnte zwischenzeitlich wieder in ihren Beruf einsteigen ...
   - Aufgrund der Zuspitzung der häuslichen Problematik verschlechterte sich das Zustandsbild der Patientin so gravierend, dass eine stationäre Behandlung (von ... bis ...) indiziert war (siehe Klinikbericht in der Anlage) ...
   - Aufgrund der bisherigen Therapieerfahrungen muss die Diagnose ergänzt werden emotional-instabile Persönlichkeitsstörung vom Borderline-Typus (ICD-10: F60.31)

2. **Zusammenfassung des bisherigen Therapieverlaufs**
   Hier sind die gleichen Gesichtspunkte zu beachten wie unter Punkt 9. c) des Umwandlungsantrages:
   - Darstellung der weiteren Mitarbeit und Behandlungsmotivation des Patienten
   - Angewandte Methoden und Veränderung der Symptomatik
   - Noch vorhandene krankheitswertige Symptomatik, wobei diese zu quantifizieren ist.

   Hier ist im Wesentlichen vorzugehen, wie beim Umwandlungsantrag (siehe Punkt 5.1, dort 9. c)) beschrieben.

3. **Beschreibung der weiteren Therapieziele und Prognose**

   Bezug nehmend auf eine gegebenenfalls veränderte Lebenssituation (die in Punkt 1 dargestellt war) sowie unter Betonung der noch vorhandenen krankheitswertigen Symptomatik soll hier ein **abschließender Therapieabschnitt** beschrieben werden.

Beispiele:

- Der Verlust des Arbeitsplatzes hat zu einem Rückschlag geführt bezüglich der depressiven Problematik. Der behandelnde Psychiater musste das Antidepressivum wieder erhöhen, und der Schwerpunkt der Behandlung wird sich im folgenden Abschnitt darauf richten, die Ressourcen des Patienten zu mobilisieren, um eine Neuanstellung zu finden.

- Der Auszug des Ehepartners mobilisierte die Selbstunsicherheit und Zukunftsängste der Patientin und erfordert erneut eine kleinschrittige Tagesstrukturierung ...

Es folgen Angaben zur Prognose bzw. zu Maßnahmen, die geeignet sind, die Behandlung zu einem befriedigenden Abschluss zu führen.

Beispiele:

- Aufgrund der bisher erreichten Fortschritte kann davon ausgegangen werden, dass die Behandlung bei gedehnter Behandlungsfrequenz im Rahmen des neu beantragten Stundenkontingentes zu einem befriedigenden Abschluss geführt werden kann.

- Aufgrund der bisher gezeigten Mitarbeit und Veränderungsbereitschaft des Patienten kann davon ausgegangen werden, dass das derzeitige Rezidiv im Rahmen des neu beantragten Stundenkontingentes bewältigt werden kann.

- Die starke Chronifizierung der Symptomatik bedingt nur begrenzte Fortschritte. Die weitere fachärztliche Behandlung ist gewährleistet ebenso wie die Betreuung durch die Sozialstation (oder Selbsthilfegruppe), sodass die Behandlung bei gedehnter Frequenz im Rahmen des neu beantragten Stundenkontingentes voraussichtlich beendet werden kann.

6.2 Verlängerung von 60 auf 80 Sitzungen (Ergänzungsbericht)

Für die Verlängerung der Behandlung von 60 auf 80 Sitzungen sind die Vorgaben der Psychotherapierichtlinien sehr eng gefasst. Hier wird insbesondere verlangt, dass ein **abschließendes Behandlungsziel** zu erkennen ist und dass es nicht darum geht, den Patienten ad infinitum bei allen anstehenden Belastungen zu unterstützen. Der Schwerpunkt sollte hier auf **Selbstmanagement-Techniken** liegen, die den Patienten langfristig in die Lage versetzen, seine Probleme selbstständig bewältigen zu können. Ist dies nicht abzusehen, so ist anzuführen, welche weiteren Unterstützungsmöglichkeiten (bspw. psychosomatische Grundversorgung, Selbsthilfegruppen, Unterstützung durch Jugendämter, betreutes Wohnen etc.) ins Auge gefasst bzw. eingeleitet wurden.

Häufig dient die Verlängerung auf 80 Sitzungen auch der Bearbeitung **eines Rückfalles,** wenn bereits wesentliche Therapieziele zuvor erreicht werden konnten. Hier ist aufzuführen, **welches äußere Ereignis den Rückfall** bewirkt hat und welche speziellen Bewältigungsstrategien hierfür geplant sind.

Auch bei bekanntermaßen sehr langwierigen Behandlungsverläufen mit hoher Rückfallgefahr sind die Aussichten günstig, dass eine zweite Verlängerung bewilligt wird. Bei Borderline-Störungen, Zwängen, Essstörungen oder anderen Suchterkrankungen sind keine schnellen Erfolge zu erwarten. Wesentlich ist hier jedoch die **genaue Dokumentation der Behandlungsfortschritte,** wobei Therapeut und Patient sich oft mit **Verbesserungen begnügen** müssen – außer bei Suchterkrankungen, wo nur eine totale Abstinenz über längere Zeit als Erfolg gelten kann.

Zu Unmut bei Gutachtern führen immer wieder Fälle, wo jede Alltagsbelastung die Begründung liefert für eine erneute Verlängerung („lebensbegleitende Therapie“) oder wo kurz vor Erreichung der 60. Therapiesitzung ein mutmaßlicher sexueller Missbrauch auftaucht, der nun in einem weiteren Jahr wie auch immer „bearbeitet“ werden muss.

Der zweite Fortführungsantrag ist (Punkte 1. bis 3.) in gleicher Weise aufzubauen wie der erste Fortführungsantrag, und es sind dann **zusätzlich** die **vier ergänzenden Fragen** zu beantworten:

1. Welche Erwartungen knüpft der Patient an die Fortführung der Behandlung? Was möchte er noch erreichen?
2. Welche besonderen Ereignisse sind eingetreten, die eine Fortführung der Behandlung in diesem Umfang notwendig machen?
3. Wie schätzt der Therapeut die Möglichkeit zur Selbsthilfe und zur eigenverantwortlichen Bewältigung der Verhaltensstörung ein?
4. Welche Stundenzahl wird für die Abschlussphase der verhaltenstherapeutischen Behandlung unbedingt noch für erforderlich gehalten? Welche Sitzungsfrequenz und welche Behandlungsdauer bis zur Beendigung der Therapie sind vorgesehen?

7 Weiterbehandlung innerhalb des 2-Jahres-Intervalls

7.1 Ziffer 23220

Sind nach Abschluss der Behandlung noch weitere Sitzungen erforderlich – etwa zur weiteren Stabilisierung oder Rückfallprophylaxe etc. –, so bietet die Ziffer 23220 die Möglichkeit, diese abzurechnen. Ohne Neuantrag können **pro Patient im Quartal bis zu 15 Kontakte** durchgeführt werden („psychotherapeutisches Gespräch als Einzelbehandlung, mindestens zehn Minuten, 15 Mal im Behandlungsfall, ist gleich Ziffer 23220"). Diese zehnminütigen Sitzungen können als kleine stützende Kontakte durchgeführt, oder auch zu größeren Einheiten zusammengefasst werden, sodass sich pro Monat im Quartal z. B. eine 50-minütige Sitzung ergäbe.

Zur **zwischenzeitlichen Stützung** beispielsweise bei Psychotikern oder gefährdeten Suchtpatienten sind diese Sitzungen gut geeignet und ohne bürokratischen Aufwand durchführbar, sodass die teilweise geringere Bezahlung keine Begründung darstellen sollte, auf diese zu verzichten.

7.2 Neubeantragung innerhalb der 2-Jahresfrist oder nach Therapeutenwechsel

Im § 11 Absatz 4 der Psychotherapievereinbarungen ist festgelegt, dass, sofern eine Therapie nach Abschluss einer vorherigen Therapie in einem Zeitraum von zwei Jahren neu beantragt wird, diese auf jeden Fall gutachterpflichtig ist. Die Auffassung, dass es einen 2-Jahres-Zeitraum gebe, in dem keine neuen Therapien beantragt werden könnten, ist nicht zutreffend.

In dem Bericht zum Neuantrag muss jedoch eindeutig dargestellt werden, dass es sich tatsächlich um einen **Neu- und nicht um einen Fortführungsantrag** handelt. Der Gutachter wird die Vorberichte aus seinem Archiv genau mit dem Neuantrag vergleichen und wenig Verständnis dafür haben, wenn etwa nach 80 Therapiesitzungen ein halbes Jahr später wieder 45 Stunden beantragt werden.

Auch nach einem **Therapeuten- und/oder Methodenwechsel** innerhalb der 2-Jahresfrist ist bei Neubeantragung ein Bericht an den Gutachter fällig. Das von den Krankenkassen häufig praktizierte Verfahren sogenannte Restkontingente zu verteilen, gilt als unzulässig.

8 Berichte für Beihilfe und Privatkassen

Die Beihilfe verlangt bereits nach fünf probatorischen Sitzungen einen Bericht an den Gutachter. Der Patient fordert die entsprechenden Formulare bei seiner Beihilfestelle an und unterschreibt den Antrag und die Befreiung von der Schweigepflicht (zwei Unterschriften auf einem Bogen).

Die Vorgaben für die Erstellung des Berichtes sind inzwischen zumeist identisch mit denen für die gesetzlichen Krankenkassen. Die Berichte unterscheiden sich also nicht, außer dass die Beihilfe keine Anonymisierung verlangt.

In einigen Bundesländern gibt es eine Art KZT für Beihilfepatienten. Nach fünf probatorischen Sitzungen können zehn Einzelsitzungen beantragt werden mit Diagnose und dem Zusatz, „nach dem derzeitigen Kenntnisstand kann davon ausgegangen werden, dass die Behandlung im Rahmen dieser insgesamt 15 Sitzungen zu einem befriedigenden Abschluss geführt werden kann".

Die genaueren Modalitäten sollten bei der zuständigen Beihilfestelle erfragt werden.

Die Antragsverfahren der privaten Krankenkassen sind sehr unterschiedlich. Selbst innerhalb ein und derselben Krankenkasse kann es Unterschiede geben, je nachdem welche speziellen Versicherungsmodalitäten der Patient ausgehandelt hat.

Es empfiehlt sich hier, den Patienten im Laufe des Erstgesprächs zu bitten, entsprechende Informationen und Formblätter bei der Krankenkasse einzufordern. Auch ein Gespräch des Therapeuten mit dem zuständigen Kassensachbearbeiter kann bei Problemfällen sehr hilfreich sein.

Die Psychotherapeutenkammer sowie auch verschiedene Berufsverbände geben Broschüren heraus, die hin und wieder aktualisiert werden müssen, weil in dieser Sparte vieles im Fluss ist.

Der „Bericht an den Gutachter", der von den meisten Privatkassen gefordert wird, unterscheidet sich zumeist kaum von dem für die gesetzlichen Krankenkassen. Oft sind lediglich einige Punkte umgestellt, wobei jedoch auch Berichte in der „gesetzlichen" Form von allen Gutachtern problemlos akzeptiert werden. Dies erklärt sich auch dadurch, dass die Gutachter der Beihilfe sowie der Privatversicherungen größtenteils mit denen der gesetzlichen Krankenkassen identisch sind.

9 Was tun bei Ablehnungen?

Die Ablehnungsquote liegt unter 5 %, und fast alle Gutachter geben dem Therapeuten durch **Rückfragen die Möglichkeit zur Nachbesserung.** Die gut lesbare Telefonnummer beschleunigt hier die Kommunikation und beugt einer ablehnenden Stellungnahme vor. Diesbezügliche Rückfragen sollten unmittelbar und sorgfältig beantwortet werden, um einer Ablehnung vorzubeugen.

Wird die Ablehnung damit begründet, dass die **Zweckmäßigkeit und Wirtschaftlichkeit der geplanten Maßnahmen** nicht ausreichend erkennbar ist – also entweder die **methodische Vorgehensweise** oder aber der **Bericht gravierende Mängel** aufweist –, so kann der Versuch gemacht werden, mithilfe eines nachgebesserten Berichtes, der die **Kritikpunkte eingehend berücksichtigt,** noch eine Bewilligung oder Teilbewilligung über ein obergutachtliches Verfahren zu erreichen.

Zur Durchführung heißt es in den Richtlinien:

> *„Der Obergutachter wird von der Kasse beauftragt, die den bisherigen Vorgang, einschließlich Formblatt PTV 2, dem Obergutachter zur Verfügung stellt. Der Therapeut schickt der Kasse im verschlossenen ... Umschlag den bisherigen Vorgang der Berichterstattung und der Begutachtung und fügt seine Stellungnahme zu den Bedenken des Gutachters bei."*

Der geschlossene Umschlag soll enthalten:

1. PTV 2
2. Den ursprünglichen Bericht an den Gutachter
3. Die ablehnende Stellungnahme des Gutachters (auf Formblatt PTV 5); (sowie eventuelle auch vorausgehende Begutachtungen zum selben Fall)
4. Einspruchschreiben des Therapeuten, das sich mit den Bedenken des Gutachters substantiell auseinandersetzt

Sind diese Daten unvollständig und nötigen den Obergutachter zu mehrfachen schriftlichen Nachfragen, so verzögert dieses nicht nur das Prozedere, sondern wirft auch ein schlechtes Licht auf die organisatorische Kompetenz des Therapeuten.

Erfolgt eine Ablehnung, weil der Gutachter aus dem Bericht **keine Behandlungsnotwendigkeit** ableiten kann, so ist diese im Obergutachter-Verfahren ausführlich, vielleicht ergänzt durch eine ärztliche Stellungnahme, erneut zu begründen.

Ist diese Begründung nicht möglich, weil etwa eine Krankheitswertigkeit der Störung nicht mehr gegeben ist oder aber weil auch mit noch so vielen Therapiesitzungen **kein abschließendes The-**

rapieziel erreicht werden kann, so sollte dieses mit dem betroffenen Patienten eingehend besprochen werden – auch im Hinblick auf **alternative Hilfsangebote** bzw. auf die Notwendigkeit, sich mit bestimmten Beeinträchtigungen abfinden zu müssen, eine Selbsthilfegruppe aufzusuchen etc.

Für viele Störungen kann es **keine Heilung** geben (utopisches Ziel), sondern allenfalls eine Reduktion. Oft kann das betroffene Symptom auch kaum gelindert werden (dies gilt leider für viele Schmerzpatienten, Tinnitus etc.), sodass es realistischer ist, den Patienten anzuleiten, zu seinen Beschwerden eine veränderte – wenn man will akzeptierendere – Haltung einzunehmen und trotzdem sein Leben, so weit es geht, sinnvoll zu gestalten.

Von Friedrich Schiller stammt das Zitat:

> *Wohl dem Menschen,*
> *wenn er gelernt hat zu ertragen,*
> *was er nicht ändern kann,*
> *und preiszugeben mit Würde,*
> *was er nicht retten kann.*

Dies gilt nicht nur für unsere Patienten ...

Literatur

Kanfer, F.H., Reinecker, H. & Schmelzer, D. (2000). *Selbstmanagementtherapie: Ein Lehrbuch für die klinische Praxis*. (3. Aufl.). Berlin/Heidelberg/New York: Springer.

Leibing, E., Hiller, W. & Sulz, S.K.D. (Hrsg.). (2005). *Lehrbuch der Psychotherapie. Band 3: Verhaltenstherapie* (2. Aufl.). München: CIP-Medien.

Margraf, J. (Hrsg.). (2000). *Lehrbuch der Verhaltenstherapie. Band I und II* (2. Aufl.). Berlin, Heidelberg, New York: Springer.

Reinecker, H. unter Mitarbeit von M. Borg-Laufs, U. Ehlert, D. Schulte, H. Sorgatz & H. Vogel, (1999). *Lehrbuch der Verhaltenstherapie* (1. Aufl.). Tübingen: dgvt-Verlag.

Rief, W., Exner, C. & Martin, A. (2004). *Psychotherapie – Ein Lehrbuch* (1. Aufl.). Stuttgart: Kohlhammer.

Rüger, U., Dahm, A. & Kallinke, D. (2005). *Faber/Haarstrick: Kommentar Psychotherapie-Richtlinien* (7. Aufl.). München, Jena: Urban & Fischer.

Anhang

Anhang 1

Richtlinien

Auszug aus den Richtlinien
(Kommentar Psychotherapierichtlinien,
U. Rüger, A. Dahm, D. Kallinke,
7. Auflage (2005). S. 128 f.)

Teil C
Durchführung der Behandlung

§ 11

Antragstellung

(1) Beabsichtigt ein Arzt oder Psychologischer Psychotherapeut oder Kinder- und Jugendlichenpsychotherapeut, tiefenpsychologisch fundierte Psychotherapie oder analytische Psychotherapie oder Verhaltenstherapie durchzuführen, so veranlasst er, wenn er – ggf. nach der Durchführung probatorischer Sitzungen – eine entsprechende Indikation gestellt hat, den Patienten, einen Antrag auf Feststellung der Leistungspflicht für Psychotherapie bei dessen Krankenkasse zu stellen (Formblatt PTV 1).

(2) Je nach Indikationsstellung ist festzulegen, ob ein Antrag auf Kurzzeit- oder Langzeittherapie gestellt werden soll. Dem Antrag des Patienten ist eine Begründung des Therapeuten für die beantragte Therapie beizufügen.

(3) Zum Antrag auf Kurzzeittherapie (PTV 2) muss aus der Begründung hervorgehen, dass aufgrund der Diagnose die gestellte Indikation mit dem vereinbarten Indikationskatalog übereinstimmt. Zusätzlich ist zu begründen, warum bei dem vorliegenden Krankheitsbild mit einem therapeutischen Erfolg im Rahmen der Kurzzeittherapie gerechnet werden kann.

(4) Die Kurzzeitherapie ist spätestens mit 25 Sitzungen zu je 50 Minuten abzuschließen. Die Einzelsitzung kann auch in Einheiten von 2 × 25 Minuten unter entsprechender Vermehrung der Gesamtsitzungszahl (maximal 50 Sitzungen) durchgeführt werden. Stellt sich während der Kurzzeittherapie heraus, dass eine Langzeittherapie durchgeführt werden muss, ist die Überführung der Kurzzeittherapie in die Langzeittherapie spätestens mit der zwanzigsten Sitzung der Kurzzeittherapie mit Begründung auf dem Formblatt PT 3 oder VT 3 gemäß Abs. 5 zu beantragen. Wird Kurzzeittherapie in Langzeittherapie übergeführt, ist die bewilligte Kurzzeittherapie auf das Kontingent der Langzeittherapie anzurechnen. Die Krankenkasse hat diesen Antrag einem Sachverständigen zur Begutachtung vorzulegen (Gutachterverfahren). Das Gleiche gilt, wenn nach Abschluss einer Therapie eine Kurzzeittherapie beantragt werden soll, es sei denn, dass zwischen dem Abschluss der Therapie und dem Zeitpunkt der Antragstellung ein Zeitraum von mehr als 2 Jahren liegt.

(5) Dem Antrag auf Langzeittherapie (PTV 2) ist ein ausführlicher Bericht für den Gutachter gemäß einem entsprechenden Formblatt (PT 3a, PT 3a (K), VT 3a)[1] in einem verschlossenen Briefumschlag beizufügen.

(6) Die Möglichkeiten der Befreiung von der Begründungspflicht für einen Antrag im Gutachterverfahren richten sich nach den dafür festgelegten Bestimmungen der Psychotherapie-Richtlinien.

(7) Führt die Langzeittherapie innerhalb des von der Krankenkasse genehmigten Umfangs nicht zum Erfolg, kann der Versicherte einen Antrag auf Fortsetzung der Behandlung stellen. Diesem Antrag werden vom Therapeuten die Angaben zur Indikation und die entsprechende Begründung zur Fortsetzung der Behandlung gemäß dem entsprechenden Formblatt bzw. zugehörigem von der Kassenärztlichen Vereinigung zur Verfügung gestellten Informationsblatt (PT 3b, PT 3b (K), VT 3b, ggf. PT 3c, PT 3c (K) oder VT 3c)[1] im verschlossenen Briefumschlag beigefügt und an die zuständige Krankenkasse gesandt. Der Antrag ist so rechtzeitig zu stellen, dass eine kontinuierliche Weiterbehandlung gewährleistet ist.

(8) In der Begründung zum Antrag ist anzugeben, in welcher Weise die Behandlung als Einzeltherapie oder als Gruppentherapie durchgeführt werden soll. Werden im Rahmen einer genehmigten tiefenpsychologisch fundierten oder analytischen Gruppentherapie Einzelbehandlungen notwendig, die nicht beantragt wurden, können diese in einem Verhältnis von einer Einzelbehandlung auf zehn Gruppenbehandlungen ohne besondere Antragstellung durchgeführt werden. Dabei sind die Einzelbehandlungen dem genehmigten Kontingent der Gruppenbehandlungen hinzuzurechnen. Gruppenbehandlung in der Verhaltenstherapie ist nur in der Kombination mit Einzelbehandlung zulässig. Die Kombination von Gruppenbehandlung und Einzelbehandlung ist in der Begründung zum Antrag darzustellen.

(9) Bei der Behandlung von Kindern und Jugendlichen ist es häufig notwendig, Gespräche unter psychodynamischen bzw. verhaltenstherapeutischen Gesichtspunkten zur Einbeziehung von Bezugspersonen in das Therapiekonzept zu führen. In der Begründung zum Antrag ist anzugeben, ob und in welchem Umfang eine solche Einbeziehung der Bezugspersonen als notwendig angesehen wird. Die für diese Einbeziehung vorgesehene Stundenzahl soll ein Verhältnis von 1:4 zur Stundenzahl des Patienten möglichst nicht überschreiten. Die in diesem Verhältnis für die Einbeziehung der Bezugspersonen bewilligte Stundenzahl ist der Stundenzahl für die Behandlung des Patienten hinzuzurechnen. Ist eine höhere Stundenzahl für die Einbeziehung der Bezugspersonen therapeutisch geboten, ist dies zu begründen. Wird hierfür eine höhere Stundenzahl bewilligt, so reduziert sich die Stundenzahl für die Behandlung des Patienten entsprechend. Stellt sich im Verlauf der Einbeziehung von Bezugspersonen heraus, dass eine Psychotherapie der Be-

[1] Gemäß Änderung der Anlage 1 vom 30.10.2007 entfallen die Formblätter PT3 und VT3 ab dem 01.01.2008

zugsperson notwendig ist, bedarf es dafür eines eigenen Antrags.

(10) Soll die Einbeziehung der Bezugsperson bzw. Bezugspersonen in Gruppen durchgeführt werden, darf ein Verhältnis von 1:2 zur Stundenzahl des Patienten nicht überschritten werden. Die genehmigten Doppelstunden für die Gruppenbehandlung werden der Stundenzahl für die Behandlung des Patienten hinzugerechnet.

(11) Die Einbeziehung der Bezugsperson bzw. Bezugspersonen ohne eine in denselben Zeitabschnitt fallende, parallel laufende Behandlung des Patienten ist nicht zulässig.

(12) Probatorische Sitzungen dienen ausschließlich dem Zweck festzustellen, ob ein Antrag und ggf. welcher auf Psychotherapie gestellt werden soll. Sie werden nicht auf die für die Therapie genehmigten Behandlungsstunden angerechnet.

(13) Die Unterbrechung einer laufenden Psychotherapie für einen Zeitraum von mehr als einem halben Jahr ist nur zulässig, wenn sie besonders begründet wird.

(14) Maßnahmen einer Gruppenpsychotherapie (bis zu 9 Teilnehmern) können an einem Tag bis zu zweimal je 100 Minuten in voneinander getrennten Sitzungen ausgeführt werden. Die Durchführung einer Einzeltherapie als Doppelsitzung ist nur zulässig bei einer krisenhaften psychischen Situation des Patienten oder bei Anwendung besonderer Methoden der Verhaltenstherapie und der tiefenpsychologisch fundierten und analytischen Psychotherapie. Soll dies außerhalb der Praxisräume des Therapeuten geschehen, bedarf es einer besonderen Begründung im Antrag auf Feststellung der Leistungspflicht.

§ 12

Gutachterverfahren

(1) Das Gutachterverfahren dient dazu festzustellen, ob die in den Psychotherapie-Richtlinien des Bundesausschusses der Ärzte und Krankenkassen und in dieser Vereinbarung niedergelegten Voraussetzungen für die Durchführung einer Psychotherapie zu Lasten der gesetzlichen Krankenversicherung erfüllt sind. Dabei ist insbesondere zu prüfen, ob das beantragte Psychotherapie-Verfahren nach den Richtlinien anerkannt und im konkreten Behandlungsfall indiziert ist und ob die Prognose einen ausreichenden Behandlungserfolg erwarten lässt.

(2) Die Gutachterpflichtigkeit bzw. die Befreiung von der Gutachterpflichtigkeit richtet sich nach Abschnitt F III. 2. i.V.m. Abschnitt I. 1. der Psychotherapie-Richtlinien.

(3) Die Qualifikation der Gutachter ist in Abschnitt F III. 3. der Psychotherapie-Richtlinien festgelegt.

Informationsblatt zum Erstellen des Berichtes für Verhaltenstherapie

Hinweise zum Erstellen des Berichtes

1. Der Therapeut erstattet seinen Bericht an den Gutachter in freier Form, gliedert ihn in nummerierte Abschnitte und fügt ihn, mit Datum und Unterschrift versehen, dem Formblatt PTV 2 bei. Die inhaltliche Gestaltung des Berichtes ist in diesem Informationsblatt vorgegeben, das auf Anforderung von der KV zur Verfügung gestellt wird.

2. Die Überschriften der Abschnitte des Informationsblattes sollen im Bericht nicht jeweils wiederholt werden, die Angabe der Abschnittsnummer genügt. Der Umfang des Berichtes soll 3 DIN A4-Seiten bei einer Langzeittherapiebegründung und 1 1/2 DIN A4-Seiten bei einer Kurzzeittherapiebegründung nicht überschreiten und nur solche Angaben enthalten, die therapie- und entscheidungsrelevant sind. Der Gutachter ist gehalten, bei wesentlicher Überschreitung dieses Umfangs den Bericht zur sachlichen Verdichtung an den Verfasser zurückzugeben.

3. Weiterhin ist bei der Durchführung der Behandlung durch einen Psychologischen Psychotherapeuten oder Kinder- und Jugendlichentherapeuten der Konsiliarbericht des Arztes beizufügen.

Der Fragenkatalog für den Erst- und Fortführungsantrag wie auch für den Ergänzungsbericht des Therapeuten ist als Hilfsmittel zur Abfassung der Berichte an den Gutachter erstellt worden. Der Therapeut kann daher in seinem Bericht unter den aufgeführten Hinweisen seine fallbezogene Auswahl treffen. Die Berichte sollen sich auf die Angaben beschränken, die für das Verständnis der psychischen Erkrankung, ihrer ätiologischen Begründung, ihrer Prognose und ihrer Behandlung erforderlich sind.

Bericht zum KZT-Antrag *(Der Bericht sollte 1 bis 1 1/2 DIN A4-Seiten nicht überschreiten)*

1. Beschwerden, Zeitpunkt und Anlaß der Symptombildung

2. Problemrelevante Angaben zur Vorgeschichte

3. Psychische Symptomatik und psychischer Befund

4. Somatische Symptomatik und somatischer Befund (siehe ggf. Konsiliarbericht)

5. Verhaltensanalytische Problemdefinition (Störungsmodell)

6. Diagnose(n) (ICD 10)

7. Therapieziele und Prognose

8. Therapieplan inkl. Begründung der Indikation und der wesentlichen Interventionen

Bericht zum Erst- oder Umwandlungsantrag *(Der Bericht sollte 3 DIN A4-Seiten nicht überschreiten)*

1. Angaben zur spontan berichteten und erfragten Symptomatik

Schilderung der Klagen des Patienten und der Symptomatik zu Beginn der Behandlung - möglichst mit wörtlichen Zitaten ggf. auch Bericht der Angehörigen/Beziehungspersonen des Patienten.
(Warum kommt der Patient zu eben diesem Zeitpunkt und durch wen veranlasst?)

2. Lebensgeschichtliche Entwicklung des Patienten und Krankheitsanamnese

a) Darstellung der lerngeschichtlichen Entwicklung, die zur Symptomatik geführt hat und für die Verhaltenstherapie relevant ist.

b) Angaben zur psychischen und körperlichen Entwicklung unter Berücksichtigung der familiären Situation, des Bildungsgangs und der beruflichen Situation.

c) Darstellung der besonderen Belastungen und Auffälligkeiten in der individuellen Entwicklung und der familiären Situation (Schwellensituation), besondere Auslösebedingungen.

d) Beschreibung der aktuellen sozialen Situation (familiäre, ökonomische, Arbeits- und Lebensverhältnisse), die für die Aufrechterhaltung und Veränderung des Krankheitsverhaltens bedeutsam ist.
(Bereits früher durchgeführte psychotherapeutische Behandlungen (ambulant/stationär) und möglichst alle wesentlichen Erkrankungen, die ärztlicher Behandlung bedürfen, sollen erwähnt werden.)

Bei Verhaltenstherapie von Kindern sind möglichst auch Angaben zur lerngeschichtlichen Entwicklung der Beziehungspersonen, soweit sie für die Verhaltensanalyse relevant sind, zu machen.

3. Psychischer Befund zum Zeitpunkt der Antragstellung

(Testbefunde, sofern sie für die Entwicklung des Behandlungsplans und für die Therapieverlaufskontrolle relevant sind)

a) Aktuelles Interaktionsverhalten in der Untersuchungssituation, emotionaler Kontakt.

b) Intellektuelle Leistungsfähigkeit und Differenziertheit der Persönlichkeit.

c) Psychopathologischer Befund (z. B. Bewusstseinstörungen, Störungen der Stimmungslage und der Affektivität, Störungen der mnestischen Funktionen, Wahnsymptomatik, suicidale Tendenzen).

4. Somatischer Befund bzw. Konsiliarbericht

Das Ergebnis der körperlichen Untersuchung, bezogen auf das psychische und das somatische Krankheitsgeschehen, ist mitzuteilen. Der somatische Befund soll nicht älter als 3 Monate sein. Die Mitteilung des körperlichen Befundes ist grundsätzlich erforderlich. Falls die körperliche Untersuchung nicht vom ärztlichen Psychotherapeuten selbst durchgeführt wird, müssen Angaben zum somatischen Befund eines anderen Arztes, evtl. auch zu dessen Therapie (ggf. gebietsbezogen) beigefügt werden. Bei Psychologischen Psychotherapeuten oder Kinder- und Jugendlichenpsychotherapeuten muss der Konsiliarbericht eines Arztes beigefügt werden.

Verbindliches Muster

Muster IVT (1.2008)

5. **Verhaltensanalyse**
Beschreibung der Krankheitsphänomene, möglichst in den vier Verhaltenskategorien: Motorik, Kognitionen, Emotionen und Physiologie. Unterscheidung zwischen Verhaltensexzessen, Verhaltensdefiziten und qualitativ neuer spezifischen Symptomatik in der Beschreibung von Verhaltensstörungen.
Funktions- und Bedingungsanalyse der für die geplante Verhaltenstherapie relevanten Verhaltensstörungen in Anlehnung an das S-O-R-K-C-Modell mit Berücksichtigung der zeitlichen Entwicklung der Symptomatik.
Beschreibung von Verhaltensaktiva und bereits entwickelten Selbsthilfemöglichkeiten und Bewältigungsfähigkeiten.
Wird die Symptomatik des Patienten durch pathogene Interaktionsprozesse aufrechterhalten, ist die Verhaltensanalyse auch der Beziehungspersonen zu berücksichtigen.

6. **Diagnose zum Zeitpunkt der Antragstellung**
Darstellung der Diagnose aufgrund der Symptomatik und der Verhaltensanalyse. Differenzialdiagnostische Abgrenzung unter Berücksichtigung auch anderer Befunde, ggf. unter Beifügung der anonymisierten Befundberichte.

7. **Therapieziele und Prognose**
Darstellung der konkreten Therapieziele mit ggf. gestufter prognostischer Einschätzung (dabei ist zu begründen, warum eine gegebene Symptomatik direkt oder indirekt verändert werden soll);
Motivierbarkeit, Krankheitseinsicht und Umstellungsfähigkeit; ggf. Einschätzung der Mitarbeit der Beziehungspersonen, deren Umstellungsfähigkeit und Belastbarkeit.

8. **Behandlungsplan**
Darstellung der Behandlungsstrategie in der Kombination bzw. Reihenfolge verschiedener Interventionsverfahren, mit denen die definierten Therapieziele erreicht werden sollen. Angaben zur geplanten Behandlungsfrequenz und zur Sitzungsdauer (25 Minuten, 50 Minuten, 100 Minuten). Begründung der Kombination von Einzel- und Gruppenbehandlung, auch ihres zahlenmäßigen Verhältnisses zueinander, mit Angabe der Gruppenzusammensetzung und Darstellung der therapeutischen Ziele, die mit der Gruppenbehandlung erreicht werden sollen.
Bei Verhaltenstherapie mit Kindern: Soll bei einer begleitenden Behandlung der Bezugspersonen vom Regelverhältnis 1 : 4 abgewichen werden, muss dies hier begründet werden. Begründung der begleitenden Behandlung der Bezugspersonen in Einzel- oder Gruppensitzungen sowie zur Gruppengröße und Zusammensetzung.
Andere Verfahren als die in den Psychotherapie-Richtlinien genannten therapeutischen Interventionen (B I 1,2) können nicht Bestandteil des Behandlungsplans sein.

9. **Dient der Erstantrag der Umwandlung von Kurzzeittherapie in Langzeittherapie, sind im Bericht zusätzlich folgende Fragen zu beantworten und die Antworten im Bericht voranzustellen:**

a) Womit wurde die Kurzzeittherapie begründet?

b) Welches sind die Gründe für die Änderung der Indikation und Umwandlung in Langzeittherapie?

c) Welchen Verlauf hatte die bisherige Therapie?

Bericht zum Fortführungsantrag

1. **Wichtige Ergänzungen zu den Angaben in den Abschnitten 1.-3. und 5. des Berichtes zum Erstantrag**
Lebensgeschichtliche Entwicklung und Krankheitsanamnese, psychischer Befund und Bericht der Angehörigen des Patienten, Befundbericht aus ambulanten oder stationären Behandlungen, ggf. testpsychologische Befunde. Ergänzungen zur Diagnose bzw. Differenzialdiagnose.

2. **Zusammenfassung des bisherigen Therapieverlaufs**
Ergänzung oder Veränderungen der Verhaltensanalyse, angewandte Methoden, Angaben über die bislang erreichte Veränderung der Symptomatik, ggf. neu hinzugetretene Symptomatik, Mitarbeit des Patienten und ggf. Beziehungspersonen.

3. **Beschreibung der Therapieziele für den jetzt beantragten Behandlungsabschnitt und ggf. Änderung des Therapieplans**
Prognose nach dem bisherigen Behandlungsverlauf und Begründung der noch wahrscheinlich notwendigen Therapiedauer mit Bezug auf die Veränderungsmöglichkeiten der Verhaltensstörungen des Patienten.

Ergänzungsbericht

Die Inanspruchnahme der Behandlung im Rahmen der Höchstgrenzen nach E 1.2.8 der Psychotherapie-Richtlinien erfordert einen Antrag des Versicherten (des Patienten, ggf. seines gesetzlichen Vertreters) auf Fortführung der Behandlung (Formblatt PTV 1), dem ein aktueller Bericht zum Fortführungsantrag und zusätzlich ein Ergänzungsbericht beizufügen ist.

Im zusätzlichen Ergänzungsbericht ist die Fortführung der Behandlung über den Leistungsumfang hinaus, der in den Psychotherapie-Richtlinien unter E 1.2.1 - 1.2.7 festgelegt wurde, zu begründen und zur beabsichtigten Überschreitung des Behandlungsumfanges Stellung zu nehmen. Dabei sollen folgende Fragen beantwortet werden:

1. Welche Erwartungen knüpft der Patient an die Fortführung der Behandlung? Was möchte er noch erreichen?
2. Welche besonderen Ereignisse sind eingetreten, die eine Fortführung der Behandlung in diesem Umfang notwendig machen?
3. Wie schätzt der Therapeut die Möglichkeit zur Selbsthilfe und zur eigenverantwortlichen Bewältigung der Verhaltensstörungen ein?
4. Welche Stundenzahl wird für die Abschlussphase der verhaltenstherapeutischen Behandlung unbedingt noch für erforderlich gehalten? Welche Sitzungsfrequenz und welche Behandlungsdauer bis zur Beendigung der Therapie ist vorgesehen?

In einem ggf. stattfindenden Obergutachterverfahren sind dem Obergutachter alle bisherigen Unterlagen (sämtliche Vorberichte, sämtliche Stellungnahmen der bisherigen Gutachter, sämtliche Vordrucke PTV 2) zur Verfügung zu stellen.

Anhang 2

Formulare zum Antragsverfahren

Die Formulare PTV 1, PTV 2 und die Konsiliarberichte sind auf den folgenden Seiten abgebildet.

Die Kasse erhält folgende Unterlagen:

1. PTV 1a, Antrag der Versicherten auf Psychotherapie
   (PTV 1b verbleibt bei dem Versicherten,
   PTV 1c in den Akten des Therapeuten).

2. PTV 2a, Angaben des Therapeuten zum Antrag des Versicherten
   (PTV 2b kommt in den gelben Umschlag,
   PTV 2c in die Akte des Therapeuten).

3. Der Konsiliarbericht mit Klarnamen des Patienten und geschwärztem Arzttext.

4. Der verschlossene beschriftete und gestempelte gelbe Umschlag.

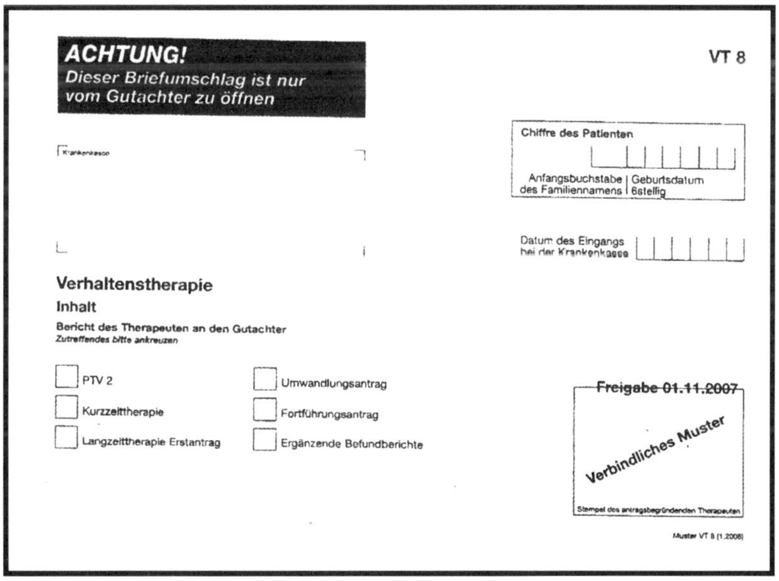
ACHTUNG!
Dieser Briefumschlag ist nur vom Gutachter zu öffnen

VT 8

Krankenkasse

Chiffre des Patienten
Anfangsbuchstabe des Familiennamens | Geburtsdatum 6stellig

Datum des Eingangs bei der Krankenkasse

Verhaltenstherapie
Inhalt
Bericht des Therapeuten an den Gutachter
Zutreffendes bitte ankreuzen

- [ ] PTV 2
- [ ] Kurzzeittherapie
- [ ] Langzeittherapie Erstantrag
- [ ] Umwandlungsantrag
- [ ] Fortführungsantrag
- [ ] Ergänzende Befundberichte

~~Freigabe 01.11.2007~~
Verbindliches Muster
Stempel des antragsbegründenden Therapeuten

Muster VT 8 (1.2008)

In den gelben Umschlag kommen:
1. PTV 2b, Angaben des Therapeuten zum Antrag des Versicherten.
2. Der Bericht an den Gutachter.
3. Der anonymisierte Konsiliarbericht mit sichtbarem Arzttext.
4. Eventuell Klinikberichte etc.

Bei Fortführungsanträgen müssen keine Konsiliarberichte mitgeschickt werden.

Krankenkasse bzw. Kostenträger
Name, Vorname des Versicherten geb. am
Kassen-Nr. Versicherten-Nr. Status
Vertragsarzt-Nr. VK gültig bis Datum

Name und Anschrift der Krankenkasse

Antrag des Versicherten auf Psychotherapie

PTV 1

Nicht zur Weiterleitung an den Gutachter bestimmt

Chiffre des Patienten

T T M M J J

Anfangsbuchstabe des Familiennamens | Geburtsdatum 6stellig

Die Angaben der persönlichen Daten sind aufgrund § 60 Sozialgesetzbuch (SGB I) notwendig

Angaben zum Mitglied

Name, Vorname

Geburtsdatum T T M M J J

Straße

PLZ Ort

Mitgliedsnummer

Ich beantrage die Feststellung der Leistungspflicht für

☐ tiefenpsychologisch fundierte Psychotherapie

☐ analytische Psychotherapie

☐ Verhaltenstherapie

☐ Erstantrag

☐ Umwandlung bzw. Fortführung der Behandlung

Wurde vor der jetzigen Behandlung bereits Psychotherapie durchgeführt

☐ nein

☐ ja, und zwar ☐ ambulant ☐ stationär Dauer der Behandlung vom T T M M J J bis T T M M J J

Behandler / Klinik / Institution (Name, Anschrift) Kostenträger

Ist ein Rentenantrag gestellt

☐ nein

☐ ja, und zwar am T T M M J J bei

Ich erkläre mich damit einverstanden, dass der Therapeut die zur Prüfung des Antrages notwendigen Angaben, insbesondere zur Feststellung der Erkrankung, vorangegangenen Behandlungen und Begutachtungen und zur Wahl des Behandlungsverfahrens, der Krankenkasse und ggf. der begutachtenden Stelle mitteilt.

Datum T T M M J J

Unterschrift des Patienten, ggf. seines gesetzlichen Vertreters

Bitte zusammen mit den Angaben des Therapeuten (Muster PTV 2) der Krankenkasse einreichen

Ausfertigung für die Krankenkasse

Muster PTV 1a (1.2008)

Name und Anschrift der Krankenkasse

Angaben des Therapeuten zum Antrag des Versicherten bzw. zum Bericht an den Gutachter

PTV 2

Chiffre des Patienten

Anfangsbuchstabe des Familiennamens | Geburtsdatum 6stellig

Kurzzeittherapie (KZT) ☐ **Erstantrag** ☐ **erneuter Antrag**

KZT mit maximal 25 Stunden als ☐ tiefenpsychologisch fundierte Psychotherapie ☐ Verhaltenstherapie

Leistungen ____ nach Nummer ☐☐☐☐☐ EBM-Einzelbehandlung (50/25 Min.)
Leistungen ____ nach Nummer ☐☐☐☐☐ EBM-Gruppenbehandlung (100/50 Min.) und ☐☐ Teilnehmern je Gruppe
Leistungen ____ nach Nummer ☐☐☐☐☐ EBM-Einbeziehung der Bezugsperson(en)

Diagnose(n) ____

Die KZT wird durchgeführt ☐ als Behandlungsverfahren mit voraussichtlich ausreichendem Behandlungserfolg
☐ zur Überprüfung einer Indikationsstellung für Langzeittherapie
☐ als Sofortmaßnahme zur Krisenintervention

Begründung des Behandlungsplans: (kurze Hinweise zur Indikation, zu vorausgegangenen Behandlungen und zur Wahl des Behandlungsverfahrens. Die Hinweise müssen die Schweigepflicht gegenüber der Kasse berücksichtigen!)

Langzeittherapie (LZT) ☐ **Erstantrag** ☐ **Umwandlungsantrag** ☐ **Fortführungsantrag Nr.** ☐☐

Bei jeder Antragstellung ist das Formblatt PTV 2 neu auszufüllen. Bei Umwandlungsanträgen ist das Formblatt PTV 2 für den Erstantrag beizufügen.

LZT mit voraussichtlich insgesamt ☐☐☐ Stunden einer ☐ tiefenpsychologisch fundierten Psychotherapie ☐ analytischen Psychotherapie ☐ Verhaltenstherapie

Für den jetzigen Bewilligungsabschnitt werden beantragt

Leistungen ____ nach Nummer ☐☐☐☐☐ EBM-Einzelbehandlung (50/25 Min.) ☐☐ Sitzungen in der Woche
Leistungen ____ nach Nummer ☐☐☐☐☐ EBM-Gruppenbehandlung (100/50 Min.) ☐☐ Sitzungen in der Woche

Für Einbeziehung der Bezugsperson(en)

Leistungen ____ nach Nummer ☐☐☐☐☐ EBM-Einzelbehandlung (50/25 Min.) ☐☐ Sitzungen in der Woche
Leistungen ____ nach Nummer ☐☐☐☐☐ EBM-Gruppenbehandlung (100/50 Min.) ☐☐ Sitzungen in der Woche
Behandlungbeginn am bzw. seit ☐☐☐☐☐☐

Diagnose(n) ____

Vorgutachter und Datum seiner letzten Stellungnahme *(bei Fortführung der Behandlung)*

Bisheriger Behandlungsumfang im laufenden Verfahren
Kurzzeittherapie als ☐ Einzel- ☐ Gruppenbehandlung mit ☐☐ Sitzungen nach Nummer ☐☐☐☐☐ EBM
Langzeittherapie als ☐ Einzel- ☐ Gruppenbehandlung mit ☐☐ Sitzungen nach Nummer ☐☐☐☐☐ EBM

Erklärung des Therapeuten

☐ innerhalb der letzten 2 Jahre wurde bereits eine Psychotherapie durchgeführt
☐ ich führe die beantragte Psychotherapie nach den jeweils geltenden Bestimmungen der vertragsärztlichen Versorgung durch
☐ ich erkläre, den Bericht an den Gutachter vollständig selbst verfasst zu haben

Ich habe von der zuständigen Kassenärztlichen Vereinigung die Abrechnungsgenehmigung für
☐ tiefenpsychologisch fundierte Psychotherapie ☐ bei Kindern und Jugendlichen
☐ analytische Psychotherapie ☐ bei Erwachsenen
☐ Verhaltenstherapie ☐ in Gruppen

☐ Von der Genehmigungspflicht im Gutachterverfahren für KZT befreit durch KV ____

Ausstellungsdatum ☐☐☐☐☐☐

Stempel (KV-Abrechnungsnummer) und Unterschrift des Therapeuten bzw. Ambulanz gemäß § 117 Abs. 2 SGB V.

Ausfertigung für die Krankenkasse

Muster PTV 2a (1.2008)

Konsiliarberichte

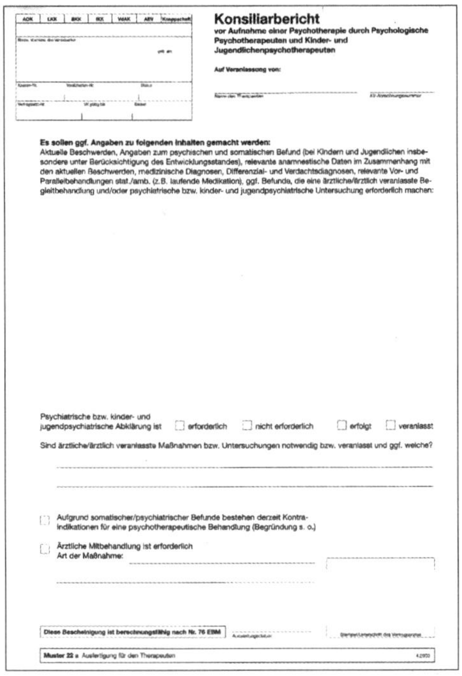

Konsiliarbericht
vor Aufnahme einer Psychotherapie durch Psychologische Psychotherapeuten und Kinder- und Jugendlichenpsychotherapeuten

AOK | LKK | BKK | IKK | VdAK | AEV | Knappschaft

Auf Veranlassung von:

Es sollen ggf. Angaben zu folgenden Inhalten gemacht werden:
Aktuelle Beschwerden, Angaben zum psychischen und somatischen Befund (bei Kindern und Jugendlichen insbesondere unter Berücksichtigung des Entwicklungsstandes), relevante anamnestische Daten im Zusammenhang mit den aktuellen Beschwerden, medizinische Diagnosen, Differenzial- und Verdachtsdiagnosen, relevante Vor- und Parallelbehandlungen stat./amb. (z.B. laufende Medikation), ggf. Befunde, die eine ärztliche/ärztlich veranlasste Begleitbehandlung und/oder psychiatrische bzw. kinder- und jugendpsychiatrische Untersuchung erforderlich machen:

Psychiatrische bzw. kinder- und jugendpsychiatrische Abklärung ist ☐ erforderlich ☐ nicht erforderlich ☐ erfolgt ☐ veranlasst

Sind ärztliche/ärztlich veranlasste Maßnahmen bzw. Untersuchungen notwendig bzw. veranlasst und ggf. welche?

☐ Aufgrund somatischer/psychiatrischer Befunde bestehen derzeit Kontraindikationen für eine psychotherapeutische Behandlung (Begründung s. o.)

☐ Ärztliche Mitbehandlung ist erforderlich
Art der Maßnahme:

Diese Bescheinigung ist berechnungsfähig nach Nr. 76 EBM

Muster 22 a Ausfertigung für den Therapeuten

Bericht mit Klarnamen des Patienten und Klartext des Arztes für die Akte des Therapeuten.

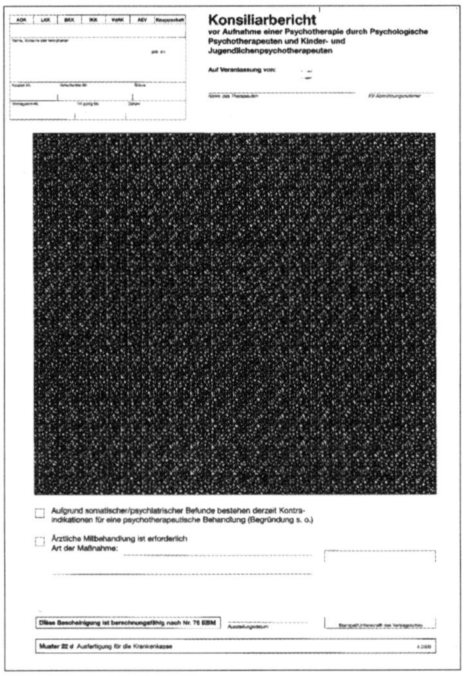

Konsiliarbericht
vor Aufnahme einer Psychotherapie durch Psychologische Psychotherapeuten und Kinder- und Jugendlichenpsychotherapeuten

AOK | LKK | BKK | IKK | VdAK | AEV | Knappschaft

Auf Veranlassung von:

[redacted]

☐ Aufgrund somatischer/psychiatrischer Befunde bestehen derzeit Kontraindikationen für eine psychotherapeutische Behandlung (Begründung s. o.)

☐ Ärztliche Mitbehandlung ist erforderlich
Art der Maßnahme:

Diese Bescheinigung ist berechnungsfähig nach Nr. 76 EBM

Muster 22 d Ausfertigung für die Krankenkasse

Bericht mit dem Klarnamen des Patienten und geschwärztem Arzttext im Umschlag an die Kasse.

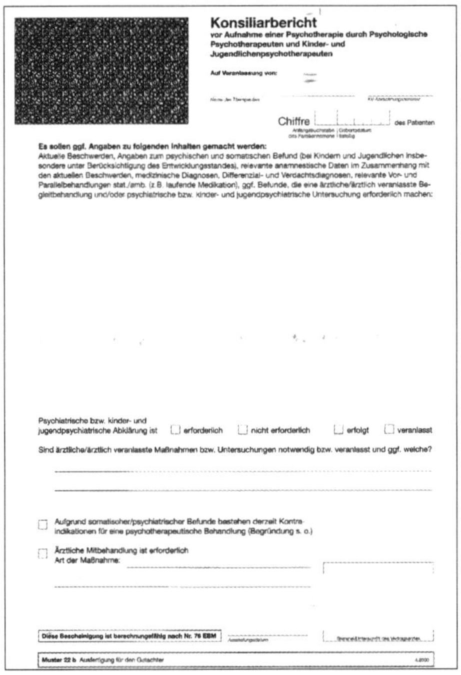

[redacted]

Konsiliarbericht
vor Aufnahme einer Psychotherapie durch Psychologische Psychotherapeuten und Kinder- und Jugendlichenpsychotherapeuten

Auf Veranlassung von:

Chiffre des Patienten

Es sollen ggf. Angaben zu folgenden Inhalten gemacht werden:
Aktuelle Beschwerden, Angaben zum psychischen und somatischen Befund (bei Kindern und Jugendlichen insbesondere unter Berücksichtigung des Entwicklungsstandes), relevante anamnestische Daten im Zusammenhang mit den aktuellen Beschwerden, medizinische Diagnosen, Differenzial- und Verdachtsdiagnosen, relevante Vor- und Parallelbehandlungen stat./amb. (z.B. laufende Medikation), ggf. Befunde, die eine ärztliche/ärztlich veranlasste Begleitbehandlung und/oder psychiatrische bzw. kinder- und jugendpsychiatrische Untersuchung erforderlich machen:

Psychiatrische bzw. kinder- und jugendpsychiatrische Abklärung ist ☐ erforderlich ☐ nicht erforderlich ☐ erfolgt ☐ veranlasst

Sind ärztliche/ärztlich veranlasste Maßnahmen bzw. Untersuchungen notwendig bzw. veranlasst und ggf. welche?

☐ Aufgrund somatischer/psychiatrischer Befunde bestehen derzeit Kontraindikationen für eine psychotherapeutische Behandlung (Begründung s. o.)

☐ Ärztliche Mitbehandlung ist erforderlich
Art der Maßnahme:

Diese Bescheinigung ist berechnungsfähig nach Nr. 76 EBM

Muster 22 b Ausfertigung für den Gutachter

Bericht mit geschwärztem Patientennamen und Klartext des Arztes in den gelben Umschlag für den Gutachter.

Anhang 3

Lebensfragebogen

INSTITUT FÜR PSYCHOTHERAPIE UND PSYCHOLOGISCHES TRAINING
Dipl.-Psych. Dr. M. Müther, Dipl.- Psych. O. Contzen und Kollegen
Flehbachstr. 66, 51109 Köln-Brück, Tel.: (0221) 84 30 44, Fax: (0221) 84 44 91

ANAMNESE

Fragebogen zur Symptomatik und Lebensgeschichte

Durch diesen Fragebogen sollen systematisch auch diejenigen Aspekte der Symptomatik und Lebensgeschichte erhoben werden, die bisher im Vorgespräch noch nicht erfasst worden sind. Die Datenerhebung dient sowohl der Vorbereitung auf die psychotherapeutische Behandlung als auch als Grundlage für den Antrag zur Kostenübernahme der Krankenkasse.

Wir möchten Sie bitten, möglichst alle Fragen ausführlich zu beantworten. Sollte Ihnen jedoch eine Frage zu intim sein, so schreiben Sie einfach: „Möchte ich nicht beantworten."

Selbstverständlich werden Ihre Angaben streng vertraulich behandelt.

Name: Geb.-Dat.:

Anschrift:

Telefon-Nr. privat: dienstlich:

Weitere im Haushalt lebende Personen (bitte diejenigen Personen unterstreichen, die bezüglich der Therapie informiert sind):

1. Symptomatik

Beschreiben Sie mit eigenen Worten Ihre hauptsächlichen Beschwerden, derentwegen Sie zu uns kommen:

Wann und wie häufig treten diese Symptome zurzeit auf?

Welche **körperlichen** Symptome zeigen sich als Folge oder Begleiterscheinung seelischer Belastung?

Wie oft und wie heftig treten diese Begleiterscheinungen auf?

Unterstreichen Sie alles, was für Sie zutrifft:

Kopfschmerzen – Schwindel – Schwächeperioden (Ohnmacht) – Müdigkeit – Herzklopfen – Magenbeschwerden – Heißhunger – Appetitlosigkeit – Verdauungsstörungen – Schlaflosigkeit – Alpträume – Spannungszustände – Unruhe – Alkoholsucht – starker Alkoholgenuss – Zittern – Einnehmen von Beruhigungsmitteln – Einnehmen von Drogen – Depressionen – Selbstmordgedanken – unfähig, zu entspannen – Ängste – Panikgefühle – sexuelle Probleme – Unzufriedenheit mit berufl. Tätigkeit – Unzufriedenheit mit sich selbst und/oder dem Partner – Minderwertigkeitsgefühle – Ablehnen von Wochenenden/Urlaub – Schwierigkeiten, sich zu amüsieren – Schüchternheit – unfähig, Freundschaften zu schließen – Gefühl von Einsamkeit – unfähig, Entscheidungen zu treffen – unfähig, eine Arbeit längere Zeit zu behalten – Konzentrationsstörungen – schlechte Familienverhältnisse – finanzielle Schwierigkeiten

Wie groß sind Sie? Wie viel wiegen Sie?

Schildern Sie kurz, wann Ihre Beschwerden das erste Mal auftraten, wie es zu den Beschwerden kam und wie sie sich entwickelt haben (von Anfang bis jetzt):

In welchen Bereichen fühlen Sie sich durch Ihre Beschwerden und Probleme beeinträchtigt (z.B. beruflicher, familiärer Bereich, Freizeit, im Kontakt mit anderen usw.)?

Schildern Sie beispielhaft eine Situation aus der letzten Zeit, in der die Schwierigkeiten auftraten:

Was sind die jeweiligen Folgen für Sie und/oder andere Personen? Welche Situationen meiden Sie deswegen?

Sind oder waren Sie wegen Ihrer Beschwerden in ärztlicher oder psychologischer Behandlung, im Krankenhaus, zur Kur?
(**Wann** und **wo** war das jeweils; gibt es darüber Berichte?)

1. ....

2. ....

3. ....

4. ....

usw. ....

....

Gibt es Zeiten oder Situationen, in denen Ihre Probleme nicht oder nur selten auftraten?

Welche Medikamente nehmen Sie ein? Gegen welche Beschwerden?
(Seit wann? Von wem verordnet? Bitte genaue Namen und Präparate angeben.)

Alkohol pro Tag: ....

Nikotin pro Tag: ....

Sonstige Drogen: ....

Welche eigenen Versuche haben Sie unternommen, um die Schwierigkeiten zu verändern?

Was würde sich für Sie Wesentliches ändern, wenn Sie beschwerdefrei wären?

Gibt es jemanden in Ihrem Bekanntenkreis, der ähnliche Probleme hat?

Vielleicht wissen Sie, dass in jeder Krise auch eine Chance und ein positiver Sinn liegen können?
Welchen möglichen Sinn könnte Ihr Problem haben?

2. Zur Vorgeschichte

Herkunftsfamilie

Gibt es in Ihrer Familie schwerwiegende (psychische) Krankheiten oder Behinderungen?

Gab es vor oder bei Ihrer eigenen Geburt besondere Komplikationen? (Bei Kindertherapien: Gab es während der Schwangerschaft oder Geburt des Patienten Komplikationen?)

Liegen angeborene Krankheiten oder Behinderungen vor? Welche?

Würden Sie Ihre Kindheit als glücklich oder unglücklich bezeichnen? Warum?

Wie erlebten Sie die Atmosphäre in Ihrer Herkunftsfamilie?
(Z.B.: harmonisch – angespannt – konfliktvermeidend – durch Streit geprägt – ruhig – hektisch – liebevoll – unpersönlich usw.)
Unterstreichen Sie Zutreffendes und beschreiben Sie dieses mit Ihren eigenen Worten:

Ihr Vater: Alter bei Ihrer Geburt:

(Früherer) Beruf:

Falls verstorben, wann?

Todesursache:

Beschreiben Sie die Persönlichkeit Ihres Vaters und Ihre gegenseitige Beziehung während Ihrer Kindheit:

Wie ist die Beziehung zu Ihrem Vater in den letzten Jahren?

Welche Erlebnisse mit Ihrem Vater prägen Sie heute noch?

Schreiben Sie bitte drei typische Sätze Ihres Vaters auf:

1. ....

2. ....

3. ....

Erziehungsstil (Lob, Strafen, Regeln, Zuwendung, Strenge usw.):

Ihre Mutter: Alter bei Ihrer Geburt:
(Früherer) Beruf:

Falls verstorben, wann?

Todesursache:

Beschreiben Sie die Persönlichkeit Ihrer Mutter und Ihre gegenseitige Beziehung während Ihrer Kindheit:

Wie ist die Beziehung zu Ihrer Mutter in den letzten Jahren?

Welche Erlebnisse mit Ihrer Mutter prägen Sie heute noch?

Schreiben Sie bitte drei typische Sätze Ihrer Mutter auf:

1. ....

2. ....

3. ....

Erziehungsstil (Lob, Strafen, Regeln, Zuwendung, Strenge usw.):

Falls Sie nicht bei Ihren Eltern aufwachsen konnten, welche Gründe gab es hierfür, und wer waren in Ihrer Kindheit Ihre wichtigsten Bezugspersonen?

Weitere wichtige Bezugspersonen:

Sind Sie Einzelkind oder haben Sie Geschwister?

Falls ja, bitte geben Sie das Alter Ihrer Geschwister an und beschreiben Sie kurz, welche Beziehung Sie zu diesen in Ihrer Kindheit hatten bzw. heute haben:

1. ....

2. ....

3. ....

4. ....

Gesundheitliche Entwicklung

Waren Sie eher ein robustes oder eher ein zartes oder sogar ein kränkliches Kind (bitte unterstreichen)?

Gab es typische kindliche Verhaltensstörungen (bitte Zutreffendes unterstreichen):

Ernährungsstörungen – nächtliches Aufschrecken – Bettnässen – Schlafwandeln – „Zappelphilipp-Syndrom“ – Nägelkauen – Daumenlutschen – Ängste – Stottern – Stehlen

Sonstige Auffälligkeiten in Ihrer Kindheit oder Ihnen zugeschriebene typische Verhaltensweisen:

Welche gravierenden Krankheiten (auch unfallbedingt) haben Sie bisher durchgemacht?
Bitte geben Sie an, ob und wann Sie jeweils operiert worden sind bzw. ob und wie lange Sie in Krankenhäusern waren:

Kinderkrankheiten:

Spätere Erkrankungen:

Ausbildungsgang

Haben Sie einen Kindergarten besucht? Wenn ja, konnten Sie dies genießen oder gab es Probleme?

Einschulung 19 . . / 20 . .

Eventuelle weiterführende Schulen, welche?

Alter beim Verlassen der Schule:

Schulabschluss:

Haben Sie die Schulzeit eher in guter Erinnerung oder eher in schlechter Erinnerung (bitte unterstreichen) und warum?

Welche Aspekte waren positiv (etwa Lieblingsfächer, Beziehung zu Lehrern oder Mitschülern etc.)?

Welche Aspekte waren negativ?

Weiterer Ausbildungsgang:

Alter bei Berufsbeginn:

Ihre beruflichen Tätigkeiten bzw. Ausbildungsorte und -bereiche:
(Bitte in zeitlicher Reihenfolge und mit Gründen für einen Wechsel.)

Befriedigt Sie Ihre Arbeit, die Sie zurzeit ausüben? (Wenn nicht, warum sind Sie unzufrieden?)

Freundschaften und Partnerschaften

Freundschaften in der Kindheit (Hatten Sie viele Freunde/Freundinnen, einen/eine beste(n) Freund(in), oder waren Sie Außenseiter?):

Wie war das in Ihrer Zeit als Jugendliche/Jugendlicher?

Wie war die Einstellung Ihrer Eltern zur Sexualität? Wurden Sie aufgeklärt, wurde über sexuelle Themen gesprochen?

Wann und durch wen haben Sie zum ersten Mal von sexuellen Dingen gehört, und wann wurden Ihnen Ihre eigenen sexuellen Gefühle das erste Mal bewusst? Wann hatten Sie erste sexuelle Kontakte mit anderen?

Haben (bzw. hatten) Sie früher Schwierigkeiten, Partnerschaften aufzubauen?

Können Sie Ihre Sexualität genießen? (Bitte machen Sie ein Kreuzchen auf der nachfolgenden Skala.)

überwiegend ja überwiegend nein

...

Gab oder gibt es für Sie unangenehme sexuelle Erlebnisse?

War Sexualität (auch Selbstbefriedigung) für Sie jemals mit Angst oder Schuldgefühlen verbunden?

Familienstand: ledig – verheiratet – verwitwet – getrennt – geschieden – wieder verheiratet (Zutreffendes bitte unterstreichen)

Haben Sie derzeitig einen festen Partner/Partnerin, mit der/dem Sie zusammenleben?

Falls ja, seit wann besteht diese Partnerschaft?

Würden Sie Ihre Partnerschaft eher als befriedigend oder eher als unbefriedigend einstufen? (Bitte ankreuzen)

befriedigend unbefriedigend

..

Was schätzen Sie an Ihrer Partnerschaft besonders?

Was belastet Sie in Ihrer Partnerschaft besonders?

Welche Ziele haben Sie in Hinblick auf die Weiterentwicklung Ihrer Partnerschaft?

Machen Sie gegebenenfalls Angaben über frühere Ehen und Partnerschaften, die Sie für wichtig halten:

Kinder

Wie viele Kinder haben Sie?
(Bitte zählen Sie sie in zeitlicher Reihenfolge auf. Name, Alter, Geschlecht, welche Kinder entstammen einer früheren Ehe/Partnerschaft? Führen Sie auch Fehlgeburten auf.)

1. ....

2. ....

3. ....

4. ....

Welche Bedeutung haben Ihre Kinder derzeitig für Ihr Leben?

Freizeitaktivitäten und Interessen

Welche Hobbys und Freizeitaktivitäten spielen bei Ihnen eine Rolle?

a) Im Alltag:

b) Im Urlaub, in den Ferien:

Mit wem verbringen Sie Ihre Freizeit vorwiegend?
(Bitte jeweils ankreuzen)

	eher viel	eher wenig
a) allein:	*..	*
b) mit Ihrem Partner/in:	*..	*
c) mit Verwandten:	*..	*
d) mit eigenen Freunden und Bekannten:	*..	*
e) mit gemeinsamen Freunden von Ihnen und Ihrem Partner/in:	*..	*

Gibt es weitere persönliche Ziele, die Sie in nächster Zeit erreichen wollen?

Welche Weltanschauung (Religion) hat Sie eventuell geprägt?

Welches sind für Sie bedeutende Menschen in Ihrem Leben?

3. Selbstbeschreibung

Bitte geben Sie ein Bild von sich selbst, wie es nach Ihrem Wissen aussehen würde (bitte niemanden fragen!):

Wie werden Sie wohl gesehen ....

a) Von Ihrem Partner/Ihrer Partnerin?

b) Von Ihrem besten Freund/Ihrer besten Freundin?

c) Von Ihrem schlimmsten Feind oder jemandem, der Sie nicht leiden kann?

d) Wie sehen Sie sich selbst? (Diese Auskunft ist wichtig, machen Sie sich bitte die Mühe, ausführlich zu schreiben.)

Bitte ergänzen Sie – möglichst spontan, ohne lange nachzudenken – folgende Sätze:

1. Andere Leute ....

2. Unsere Familie ....

3. Ich beneide ....

4. Mein größter Ehrgeiz ....

5. Nachts ....

6. Ich bedauere ....

7. Meine Kindheit ....

8. Ich kann nicht ....

9. Frauen sind meist ....

10. Die Zukunft ....

11. Ich habe Vergnügen an ....

12. Niemand ....

13. Das Schlimmste ....

14. Meine Arbeit ....

15. Oft denke ich ....

16. Am meisten ärgere ich mich über ....

17. Ich fürchte ....

18. Ich fühle mich verletzt ....

19. Mein Vater ....

20. Ich brauche ....

21. Ich bin stolz ....

22. Mein heißester Wunsch ....

23. Ich leide ....

24. Im Dunkeln ....

25. Meine größte Sorge ....

26. Meine Mutter ....

27. Ich habe Angst ....

28. Liebe ....

29. Ich kämpfe ....

30. Ich schäme mich ....

31. Manchmal träume ich ....

32. Selbstmord ....

33. Die meisten Männer ....

34. Ich bin sehr ....

35. Zu Hause ....

36. Es ist mir peinlich ....

37. Freunde ....

38. Ich schlafe ....

39. Ganz im Geheimen ....

40. Viel Zeit ....

(Satzergänzungstest nach J. B. Rohde)

Wie groß ist Ihr Wunsch nach Behandlung oder Beratung?
(Die Beantwortung der Frage hat keinen Einfluss auf den Beginn der Behandlung.)

sehr groß – groß – mäßig – wenn nötig, ginge auch ohne Behandlung
(Zutreffendes unterstreichen)

Welche Erwartungen und Ziele haben Sie in Bezug auf die Therapie?
(Bitte so ausführlich wie möglich.)

Datum	Unterschrift

Anhang 4

Beispielfälle

Alle hier aufgeführten Fälle sind fiktiv bzw. durch Datenveränderung unkenntlich gemacht. Um ein schnelleres Auffinden der Unterpunkte zu ermöglichen, (anders als in den Richtlinien vorgeschrieben) wurden diese mit den jeweiligen Überschriften versehen, sodass sich dadurch teilweise eine Verlängerung der Berichte über vier Seiten hinaus ergibt.

① Bericht an den Gutachter zum Antrag auf Langzeittherapie (LZT)

Patienten-Chiffre M xx xx 46

0. Angaben zur Person

Die Patientin ist gelernte Industriekauffrau und lebt in zweiter Ehe mit ihrem Mann gemeinsam am Stadtrand.

1. Symptomatik

Die Patientin kommt auf Veranlassung der behandelnden Nervenärztin, da für ihre verschiedenartigen, teils sehr schweren und anhaltenden Schmerzzustände kein ausreichender körperlicher Befund zu eruieren sei. Diagnostiziert worden sei bisher eine Fibromyalgie (auch ihre Mutter habe Rheuma gehabt) und ihre Magen- und Verdauungsstörungen würden medikamentös behandelt. Während der letzten Monate hätten sowohl ihre Rückenschmerzen als insbesondere auch Kopfschmerzen ständig zugenommen: „Es ist ein ständiger Kopfdruck da – teilweise wie Stromstöße, die durch meinen Kopf laufen.“ Sie habe selbst schon beobachtet, dass derartige Schmerzen sich bei Stress intensivierten.
Als psychische Belastung definiert die Patientin insbesondere, „dass ich mit meiner Heirat den größten Fehler gemacht habe“. Sie habe vor ca. zwei Jahren ihren derzeitigen Ehemann über eine Anzeige kennengelernt und relativ schnell geheiratet. Ihr Ehemann, ein pensionierter Jurist (70 Jahre alt), habe sich nach der Eheschließung als ausgesprochen dominant gezeigt: „Ich muss ein Haushaltsbuch führen, er rechnet mir alles vor, in seiner Wohnung darf ich nichts verändern, und er lässt mich ständig spüren, dass ich keine Akademikerin bin.“ Besonders belastend seien für sie seine sexuellen Ansprüche, denen sie sich bisher mit wachsendem Widerwillen gefügt habe.

2. Lebensgeschichtliche Entwicklung und Krankheitsanamnese

„Ich war das vierte und ein unerwünschtes Kind – gezeugt, nachdem mein Vater aus der Gefangenschaft heimgekehrt war.“ Während der Vater nach dem Krieg als Angestellter eine relativ gute

Position habe einnehmen können, habe die Mutter ein Lebensmittelgeschäft aufgebaut, das sie selbst, die Patientin, nach ihrer zweiten Scheidung und dem Tod der Mutter übernommen und zu einem Laden mit fünf Angestellten habe ausbauen können. Den Vater schildert die Patientin als Pedanten mit Jähzorns-Ausbrüchen, „wenn er nach Hause kam, und die Mutter ihm wieder schilderte, was wir alles angestellt hatten“. Er habe die Mutter völlig unterdrückt und sowohl sie selbst, die Patientin, als insbesondere auch einen ihrer Brüder sehr häufig mit einem Besenstiel verprügelt, weil „Kinder hatten keine Meinung zu haben“. Derartige Bestrafungen seien wöchentlich erfolgt, „weil ich war wohl ein aufsässiges Kind, ich galt als bockig, dick und hässlich“. Die Patientin berichtet in dem Zusammenhang, „dass ich mich sehr zurückgezogen habe und oft in irgendeiner Ecke saß und etwas Süßes in mich hineinstopfte“. Auch in der Schule sei sie wegen dieser Eigenschaften wohl wenig erfolgreich gewesen. Als Halt gebend schildert die Patientin eine Tante sowie die Mutter des Vaters, „die meinen Vater oft zurechtwies und als einen Teufel bezeichnete, was aber wohl wenig nützte“.

Neben den üblichen Kinderkrankheiten sei sie ca. im Alter von vier Jahren an Scharlach erkrankt, weswegen sie längere Zeit im Krankenhaus in Quarantäne behandelt worden sei. Gefragt, ob sie Heimweh gehabt hätte, berichtet die Patientin, „ich wollte danach nicht mehr nach Hause und habe auch heute noch immer Probleme, wenn ich nach Hause komme. Einige Male war ich in Ferienlagern – das war ein ganz anderes Leben!“

Nach der Handelsschule hat sie eine Lehre gemacht als Industriekauffrau und sich dort in leitende Position hochgearbeitet. Sie habe dies als ihre schönste Zeit erlebt.

Ihren ersten Ehemann habe sie mit 19 Jahren kennengelernt, „jedoch bald gemerkt, dass ich mit dem keine gemeinsamen Kinder haben wollte“. Nach der Trennung habe sie 1974 ihren zweiten Ehemann, einen Ausländer, geheiratet, und 1977 bzw. 1979 seien ihr Sohn und ihre Tochter geboren worden. Beide Kinder seien oft krank gewesen, sodass sie selbst während derer ersten Lebensjahre nicht habe arbeiten können. Ihr Mann sei in dieser Zeit keine Hilfe gewesen. „Er hat viel Sport gemacht und seine Liebschaften gepflegt und hat sich schließlich ins Ausland abgesetzt, ohne Unterhalt zu zahlen.“ Sie selbst habe sich um die Erziehung der Kinder gekümmert und gleichzeitig das kleine Geschäft ihrer Mutter übernommen und immer weiter ausgebaut. Dieses Geschäft in ländlicher Gegend habe allerdings während der letzten Jahre immer weniger abgeworfen, sodass sie heute auch finanziell von ihrem Ehemann abhängig sei, „dass ich das Gefühl habe, ich bin gefangen und kann nie mehr weg“.

3. Psychischer Befund

Die Patientin ist eine große, schlanke, gut aussehende Frau mit weltgewandtem Auftreten. Die etwas starre, konventionelle Haltung lockert sich im Laufe der probatorischen Gespräche, und es gelingt ihr, selbstkritisch und offen auch über peinliche Inhalte zu berichten. Bei besonders belastenden Inhalten (Kindheit, aktuelle eheliche Situation etc.) verkrampft sich ihre Haltung deutlich, und sie berichtet über eine Zunahme der Schmerzen.

Die Patientin verfügt über gute intellektuelle Fähigkeiten und emotionale Differenziertheit. Es ergaben sich weder Hinweise auf mnestische Störungen noch auf inhaltliche oder formale Denkstörungen oder suizidale Tendenzen. Die testpsychologischen Befunde sprechen für eine mittelschwere Depression bei Neigung zu starker körperlicher Erregung.

4. Somatischer Befund

Siehe Konsiliarbericht.

5. Verhaltensanalyse

Auszugehen ist von einer vitalen und durchsetzungsfähigen Persönlichkeitsanlage, die auch durch die sehr restriktive, durch Vernachlässigung und Gewalt gekennzeichnete frühe Familiensituation nicht zerstört worden ist. Eine überlastete Mutter und ein zum Jähzorn neigender Vater provozierten offenbar, dass das Kind sich immer mehr vor ihnen zurückzog und verschloss, wobei allerdings Tante und Großmutter sie gelegentlich ausführten „in eine Welt, wo es gepflegt und kultiviert zuging", sodass der Wunsch geweckt wurde, sich aus dem beengten Milieu herauszuarbeiten.
Die Neigung zu überhöhter physiologischer Erregung dürfte konditioniert worden sein durch die häuslichen Bestrafungsrituale, bei denen die Mutter nicht als Beschützerin, sondern als Denunziantin aufgetreten war. Die dadurch bedingte Hilflosigkeit des Kindes dürfte außerdem den Grundstein gelegt haben für depressive Reaktionen im Sinne Seligmans.
Aktuell auslösend für depressive Affekte, Verspannungen und Schmerzen sind neben dispositionellen Faktoren (Mutter hatte auch Rheuma) insbesondere Konfrontationen mit dem Ehemann, der in ähnlicher Weise einengend erlebt wird wie früher der Vater. Hinzu kommen kognitive Auslöser – „meine dritte Ehe scheitert, ich bin ein Versager, ich kann mich nirgendwo mehr blicken lassen etc." und auch der bittere Selbstvorwurf, beruflich gescheitert und in finanzielle Abhängigkeit geraten zu sein. Ihre an und für sich ausgeprägte Kämpfernatur (bockiges Kind, erfolgreiche berufliche Karriere) wird durch derartige Gedanken lahmgelegt, sodass sie sich bei hoher physiologischer Erregung nach außen hin immer mehr anpasst und panzert. Als aufrecht erhaltende Bedingung fungiert hier insbesondere die Sorge, „wie es mit mir weitergehen soll, wo ich alles aufgegeben habe", sowie die Angst, in ihrem Heimatort als Gescheiterte dazustehen.

6. Diagnose

Anhaltende somatoforme Schmerzstörung (ICD Nummer F45.4).
Längere depressive Reaktion (ICD Nummer F43.21).

7. Therapieziele und Prognose

Wesentliche Ziele, die mit der Patientin erarbeitet wurden, sind eine Herauslösung aus der erstarrten Hilflosigkeitsposition und ein Wiedererlangen von Selbstbewusstsein und Durchsetzungskraft. Inwieweit die Schmerzzustände hierdurch beeinflusst werden können (auszugehen ist von einer multifaktoriellen Verursachung), kann erst im Verlauf der Behandlung näher beurteilt

werden. Die Patientin berichtete in einer der ersten Sitzungen, sie habe ihrem Mann einen Brief geschrieben, dass sie sich trennen wolle, „und es war ganz unheimlich, plötzlich ging der Druck in meinem Kopf weg“. Sie entschloss sich, nach den ersten Sitzungen zwei Wochen alleine zu einer Freundin nach Süddeutschland zu fahren, und berichtete anschließend, ihr Ehemann habe bei ihrer Rückkehr sehr viel Angst vor Verlassenwerden gezeigt und sei bereit, auf Kompromisse einzugehen.
Angesichts dieser sehr entschlossenen Veränderungsmotivation der Patientin und ihrer sehr vitalen Ressourcen ist trotz der erhöhten Vulnerabilität (kindliche Deprivationserlebnisse) von einer ausreichend günstigen Prognose auszugehen bzgl. einer Bewältigung der Depression und einer Linderung der Schmerzsymptomatik.

8. Behandlungsplan

Zur Erreichung der formulierten, umfassenderen Therapieziele sollen vordringlich folgende Teilziele angestrebt werden bzw. Techniken zur Anwendung kommen:

- ➢ Etablierung eines vertrauensvollen Arbeitsbündnisses durch sachkundige Exploration der Symptomatik und einfühlsame ressourcenorientierte Anamneseerhebung.
- ➢ Aufbau einer differenzierten Selbstwahrnehmung zur Identifikation von Bedingungszusammenhängen mittels Self-Monitoring.
- ➢ Erarbeitung und Fortschreibung der Verhaltensanalyse mit dem Ziel, den Zusammenhang zwischen auslösenden Bedingungen, kognitiven Strukturen und Symptomverhalten aufzuzeigen.
- ➢ Vermittlung eines plausiblen Erklärungsmodells unter Einbeziehung der Ergebnisse aus der Self-Monitoring-Phase sowie anamnestisch bedeutsamer Faktoren.
- ➢ Vermittlung eines biopsychosozialen Schmerz- bzw. Störungsmodells, um die Zusammenhänge zwischen wahrgenommener Schmerzintensität und psychischer Befindlichkeit darzustellen (Sensu Flohr & Turk).
- ➢ Kognitive Verhaltenstherapie zur Umstrukturierung und Modifikation dysfunktionaler Phantasien wie „Ich bin mit drei Ehen gescheitert“, „Ich stehe beruflich und finanziell vor dem Nichts“, „Ich bin in dieser Ehe gefangen bis an mein Lebensende“ etc. und Aktivierung alternativer Bewältigungsmöglichkeiten.
- „ (Teilweise unter Einbeziehung des Ehemannes) Erarbeitung von Spielregeln zur Verbesserung der ehelichen Interaktion, Maßnahmen zur Erhöhung des Verständnisses für wechselseitige Bedürfnisse und Planung gemeinsamer positiver Unternehmungen.
- ➢ Strukturierung des Tagesablaufes unter Berücksichtigung euthymer Aktivitäten mit dem Ziel einer Verbesserung der Verstärkerbilanz.
- ➢ Ermutigung zu und Unterstützung bei der Wiederaufnahme einer beruflichen Tätigkeit zur Hebung des Selbstbewusstseins sowie zur Erlangung einer relativen finanziellen Unabhängigkeit (zum Beispiel eigenes Taschengeld zu erwirtschaften etc).
- ➢ Zur Dämpfung physiologischer Erregung und zur Verbesserung der Regeneration (Schmerzdämpfung) sollen Entspannungsverfahren eingeübt werden (PMR sensu Jacobson) – teilwei-

se unter Einbeziehung imaginativer Techniken (sensu Lazarus) mit Zeitprojektion zum Aufbau positiver Zukunftserwartungen.

- Die letzte Phase der Therapie soll bei gedehnter Behandlungsfrequenz der Stabilisierung und der Rückfallprophylaxe dienen. Der Schwerpunkt soll hier auf Selbstmanagement-Techniken (sensu Kanfer) liegen.

Geplant sind 45 Einheiten Verhaltenstherapie in Einzelsitzungen, die üblicherweise in wöchentlichem Abstand gegen Ende in gedehnter Behandlungsfrequenz durchgeführt werden sollen.

Köln, den ...

Unterschrift

Stempel

② Bericht an den Gutachter zum Antrag auf Verhaltenstherapie (LZT)

Patienten-Chiffre K xx 32

0. Angaben zur Person

Die gelernte Biologielehrerin ist verheiratet und lebt alleine in einer Villa am Stadtrand. Sie kam auf Veranlassung der Hausärztin.

1. Symptomatik

Die Patientin stellte sich am 06.11.2002 auf ärztliche Veranlassung vor, und die Exploration ergab eine schon länger anhaltende depressive Entwicklung mit Zukunftsängsten, anhaltendem Grübeln, Schlafstörungen und Magenschmerzen.
Während der letzten Jahre war die Patientin offensichtlich völlig vereinsamt und völlig damit ausgefüllt, ihren an Alzheimer erkrankten Ehemann im eigenen Haus zu pflegen. Der Zustand des Ehemannes, vormals leitender Angestellter, hatte sich seit seiner Pensionierung sukzessive verschlechtert, und sie sei schließlich dem Rat der Ärzte gefolgt und habe ihn in einem Pflegeheim unterbringen müssen. Obwohl sie ihn dort jeden Tag besuche, werde sie von Schuldgefühlen heimgesucht und könne sich an nichts mehr freuen. Die erwachsenen Kinder lebten alle außerhalb von Köln und wollten offenbar nicht so sehr in die elterliche Situation involviert werden.

2. Anamnese

Die Patientin beschreibt ihre Erziehung als „sehr katholisch und sehr puritanisch". Ihr Vater, ein Beamter, sei ein sehr strebsamer, sozial engagierter und mutiger Mann gewesen, „vital und dynamisch", aber auch sehr autoritär. Er sei oft jähzornig gewesen, und sie erinnere sich an fürchterliche Auftritte mit ihrem Bruder (+ dreieinhalb Jahre), bei denen der Vater geschrien habe, Kaffeetassen an die Wand geworfen habe, „und ich wischte das dann auf und zitterte vor Angst". Am schlimmsten seien die Kräche mit der Mutter gewesen, der Vater habe die Mutter, die als völlig verschüchterte Frau geschildert wird, oft roh beschimpft und sogar geschlagen, „und ich lag dann oft im Bett und konnte nicht schlafen und habe einmal sogar vor ihm auf den Knien gelegen und ihn gebeten aufzuhören". Ein durchgängiges Gefühl ihrer Kindheit sei die Angst gewesen, ihre Eltern könnten sich trennen, und sie selbst habe immer wieder versucht, den Vater zu besänftigen und die Mutter zu trösten.
Als sehr schlimm habe sie die Bombenangriffe während des Krieges in Erinnerung.
Die vertiefte Exploration ergibt, dass die Patientin eigentlich „ein wildes Kind" gewesen sein dürfte, sowohl Szenen mit Freundinnen wie auch insbesondere drei Aufenthalte während der Kindheit auf Ameland (Kinderlandverschickung) zeigen ein sehr fröhliches und kreatives Mädchen, das Freude hatte am Lesen, Stricken, Basteln und Abenteuern mit anderen Kindern.

Diese Verhaltensseite hatte sich offenbar auch entfaltet, als die Patientin 1952 nach dem Abitur das Elternhaus verlassen und zum Studium nach Marburg gehen durfte. Schilderungen aus dieser Zeit zeigen eine sehr tatkräftige Frau mit einem lebhaften Freundeskreis, die ihr Studium und ihre Prüfungen mit viel Elan absolvierte. „Als ich dann zu Hause anrief und das stolz verkündete, hieß es sofort, du sollst gar nicht stolz sein, sondern du sollst Gott danken." Ihr großer Schmerz in dieser Zeit sei gewesen, dass ihr damaliger Freund, mit dem sie sehr viel verband (Kunst, Musik, Literatur etc.), von Marburg wegging und relativ bald eine andere Frau heiratete. Sie sei nur schwer über diesen Verlust hinweggekommen und vielleicht auch deshalb nicht abgeneigt gewesen, sich einige Zeit später zu verloben.
Die Patientin schildert ihren Ehemann als engagierten Geschäftsmann, der abends kaum nach Hause fand und von seiner Familie, insbesondere von seiner Ehefrau klaglose Unterordnung unter seine beruflichen Bedürfnisse erwartete. Sie selbst habe sich – „wohl ähnlich wie meine Mutter" – ganz angepasst und sich voll eingesetzt für die Erziehung der drei Kinder, die heute alle in akademischen Berufen tätig sind und fern ab von Köln ihre Familien haben.
Vor ungefähr acht Jahren seien Gedächtnisausfälle ihres Mannes deutlich geworden. Die Patientin schildert eine sehr schwierige Zeit mit einem Menschen, der an Dominanz gewöhnt, immer mehr von seiner ursprünglichen Persönlichkeit einbüßte. Zuletzt konnte er niemanden mehr erkennen, und sie war gezwungen, ihn schließlich, auch auf Drängen der Ärzte, in einem Pflegeheim unterzubringen. Während dieser Jahre habe sie kaum noch außerhäusliche Kontakte gehabt, auch die Kinder hätten sich mehr und mehr zurückgezogen, und sie selbst laufe inzwischen alleine im Hause herum „auch mit der Angst, wenn ich mal hinfalle oder mir mal was passiert, vermisst mich keiner".

3. Psychischer Befund

Die Patientin ist eine groß gewachsene, gut aussehende gepflegte Frau, die in den Anfangskontakten sehr erschöpft wirkt und kaum in der Lage ist, ihre Sorgen zu artikulieren („ich mag nicht jammern und klagen und mich so wichtig nehmen"). Diese etwas starre Haltung lockert sich im Laufe der Gespräche, und die Patientin kann ermutigt werden, Kontakte aufzunehmen zum früheren Freundeskreis und auch den Kindern gegenüber Erwartungen deutlicher zu artikulieren.
Die Patientin verfügt über eine hohe Intelligenz und emotionale Differenziertheit. Es ergaben sich weder Hinweise auf mnestische Störungen noch auf inhaltliche oder formale Denkstörungen oder suizidale Tendenzen. Die testpsychologischen Befunde sprechen für eine mittelschwere bis schwere Depression mit Gefühlen von Hoffnungslosigkeit bei sozialem Rückzug (BDI-Score 27).

4. Körperlicher Befund

Siehe Konsiliarbericht.

5. Verhaltensanalyse

Auszugehen ist von einer eher vitalen Persönlichkeitsstruktur („wildes Kind“), die sich immer dann zeigte, wenn die Patientin nicht unter dem elterlichen Einfluss stand. Durch eine konsequente Erziehung zu Bescheidenheit und Demut sowie auch durch Schicksalsschläge, die die Patientin gleichsam als Bestrafung attribuierte (Verlust der großen Liebe), wurde eine eher resignative Haltung gefördert, quasi um weitere Schicksalsschläge zu vermeiden. Das Modell der schlechten elterlichen Ehe hatte die Patientin gelehrt, „dass man sich immer unterordnen muss, sonst kommt es zur Katastrophe“. Die Erwartungshaltung des Ehemannes wirkte sich ganz in diesem Sinne aus, sodass die Patientin dessen enttäuschende, lieblose Haltung als Gott gegeben hinnahm und Vitalität und Kreativität ganz in die Erziehung ihrer Kinder investierte.
Die seinerzeit eher vielleicht dysthyme Haltung verdüsterte sich immer weiter in Richtung Depressivität in dem Maße, wie die Kinder aus dem Haus gingen, nach seiner Pensionierung ihr Mann täglich um sie herum war und sein geistiger Verfall schließlich das gesamte Tagesgeschehen bestimmte.
Unmittelbarer Auslöser für depressive Affekte (**R**) sind insbesondere die täglichen Konfrontationen im Pflegeheim (**S** situativ) sowie die Grübeleien (**S** kognitiv) bezüglich des eigenen Versagens und der zukünftigen Entwicklung sowie ihre Verlorenheit in dem einsamen Haus (depressive Trias sensu Beck). Aufrechterhalten wird die Situation durch einen Mangel an positiver Verstärkung ($\not{C}^{+}$, sensu Lewinson) und so etwas wie ein inneres Gebot (**O**), „dass ich keine Freude empfinden darf, wenn mein Mann so krank ist“.

6. Diagnose

Mittelgradige depressive Episode mit somatischen Symptomen (ICD-10-Nr.: F 32.11).

7. Therapieziele und Prognose

Das Hauptziel der therapeutischen Interventionen besteht in einer Reduktion depressiver Affekte insbesondere durch eine Hinwendung auf neue Lebensinhalte, in denen die ursprüngliche soziale Kompetenz der Patientin sowie ihre Kreativität sich wieder entfalten können.
Die Prognose wird belastet durch den ungünstigen Verlauf der Erkrankung des Ehemannes sowie die familiäre Situation insgesamt (berufstätige, weit entfernt wohnende Kinder). Als positiv ist zu werten, dass die Patientin im Rahmen der probatorischen Sitzungen bereit war, eine Einladung in der Nachbarschaft anzunehmen, eine alte Studienfreundin zu kontaktieren und sich einige „freie Tage“ zu gönnen, an denen sie ihren Mann nicht besuchte. Sie selbst wünscht sich eine Fortführung der Behandlung, da sie dadurch Entlastung erlebe und sich bestärkt fühle, eigene Wünsche mehr zu gewichten und umzusetzen.

8. Therapieplan

Zur Erreichung der formulierten umfassenden Therapieziele sollen vordringlich folgende Teilziele angestrebt werden bzw. Techniken (teilweise weiter) zur Anwendung kommen:

- Etablierung eines vertrauensvollen Arbeitsbündnisses durch sachkundige Exploration der Symptomatik und einfühlsame ressourcenorientierte Anamneseerhebung.
- Aufbau einer differenzierten Selbstwahrnehmung zur Identifikation von Bedingungszusammenhängen mittels Self-Monitoring.
- Erarbeitung und Fortschreibung der Verhaltensanalyse mit dem Ziel, den Zusammenhang zwischen auslösenden Bedingungen, kognitiven Strukturen und Symptomverhalten aufzuzeigen.
- Vermittlung eines plausiblen Erklärungsmodells unter Einbeziehung der Ergebnisse aus der Self-Monitoring-Phase sowie anamnestisch bedeutsamer Faktoren, hier insbesondere die auf Restriktionen ausgerichtete Erziehung der Patientin, die bisher eine Entfaltung und Durchsetzung eigener Wünsche und Bedürfnisse stark behindert hat.
- Kognitive Umstrukturierung dysfunktionaler Grübeleien, insbesondere Dämpfung der Schuldgefühle, für ihren Ehemann nicht genug zu tun, und Fokussierung auf eine Zukunftsgestaltung zur Entfaltung eigener Bedürfnisse.
- Strukturierung des Tagesablaufs unter Berücksichtigung euthymer Aktivitäten (sensu Lutz) mit dem Ziel einer Verbesserung der Verstärkerbilanz, Erhöhung der Lebensqualität und Ermutigung zum Ausbau der sozialen Kontakte.
- Zur Dämpfung physiologischer Erregung und zur Verbesserung der Regeneration (Schlaf) sollen Entspannungsverfahren eingeübt werden (PMR sensu Jacobson) – teilweise unter Einbeziehung imaginativer Techniken (sensu Lazarus) mit Zeitprojektion zum Aufbau positiver Zukunftserwartungen.
- Die letzte Phase der Therapie soll, bei gedehnter Behandlungsfrequenz, der Stabilisierung und der Rückfallprophylaxe dienen. Der Schwerpunkt soll hier auf Selbstmanagement-Techniken (sensu Kanfer) liegen.

Geplant sind 45 Einheiten Verhaltenstherapie in Einzelsitzungen, die üblicherweise in wöchentlichem Abstand gegen Ende in gedehnter Behandlungsfrequenz durchgeführt werden sollen.

Köln, den ...

Unterschrift

Stempel

③ Bericht an den Gutachter zum Antrag auf Verhaltenstherapie

Patienten-Chiffre A xx 55

0. Angaben zur Person

Die 48-jährige liierte Lehrerin bewohnt allein eine Wohnung und suchte auf Anraten der behandelnden Hausärztin die Behandlung auf.

1. Symptomatik

Die Patientin klagt über verschiedenartige körperliche Beschwerden und Schmerzzustände, die auch nach Ansicht ihrer Ärzte teilweise durch psychische Faktoren mitbedingt bzw. verstärkt würden: Sie leide „schon chronisch an einer Stimmbandentzündung, wo ich deutlich merke, dass das bei Stress zunimmt, ebenso wie mein Tinnitus, den ich auch schon seit einigen Jahren habe". Bei Stress, insbesondere bei starker Hektik im Schulbetrieb, leide sie unter einseitigem Hörverlust („Die Ärzte warnen vor der Gefahr eines Hörsturzes.") und merke, wie ihre Stimme mehr und mehr versage.
Auch unter Rückenschmerzen leide sie schon seit mindestens 1994 (auch damals schon Bandscheibenvorfall), wobei sich diese Schmerzen seit Jahresanfang immer unerträglicher gesteigert hätten, sodass sie nun zuletzt ca. zwei Monate stationär behandelt worden sei (siehe Auszüge aus den umfangreichen Klinik- und Untersuchungsberichten).
Als Belastungsfaktoren gibt die Patientin an, „die Hektik bei der Organisation des Unterrichtsbetriebes". Die Arbeit selbst macht ihr Freude, „aber ich bin Perfektionist und stehe deshalb immer unter Druck". Mit ihrer teilweise unbefriedigenden Partnerschaft (getrennte Wohnungen) habe sie sich im Laufe der Jahre abgefunden („Er hat wohl Bindungsängste, wir haben uns schon mehrfach zwischenzeitlich getrennt, aber jetzt einen ganz auskömmlichen Modus vivendi gefunden"). Zudem lebe sie in ständiger Sorge um den Gesundheitszustand ihres Sohnes (siehe Anamnese).
Besonders konfliktreich sei für sie auch schon während der letzten Jahre in gesteigertem Maße die Beziehung zu ihrer kränklichen, verwitweten Mutter: Die Mutter-Tochter-Beziehung sei immer äußerst eng gewesen (Patientin ist Einzelkind), und sie, die Patientin, habe der Mutter sehr viel zu verdanken, „und nun fordert meine Mutter, dass die enge Beziehung so weitergeht, und ich habe ständig ein schlechtes Gewissen, dass ich mich zu wenig um sie kümmere". Insbesondere wegen dieses letzten Problems sei sie, die Patientin, oft sehr unruhig und sehr unglücklich, „und dann schlafe ich schlecht, mache mir Vorwürfe und merke dann auch, wie ich mich verkrampfe, und wahrscheinlich nehmen dann auch die Schmerzen wieder zu". Auch Freunden und Kollegen sei schon aufgefallen, „dass ich dauernd mit hochgezogenen Schultern und völlig verkrampft herumlaufe".

2. Lebensgeschichtliche Entwicklung und Krankheitsanamnese

Die Patientin wuchs als Einzelkind auf. Den Vater, einen selbstständigen Schreinermeister, schildert die Patientin als ausgesprochen warmherzigen, sensiblen und kreativen Menschen, zu dem sie stets eine sehr innige und vertrauensvolle Beziehung gehabt habe. Er sei 1990 im Alter von 79 Jahren verstorben.

Die Beziehung zur Mutter sei ebenfalls sehr eng gewesen, wird jedoch eher ambivalent geschildert: „Meine Mutter war eine Glucke, sie tat alles für mich, war immer um mich herum, und vielleicht auch deshalb war ich bis zur Pubertät ein eher ängstliches Kind, das sich weigerte, in den Kindergarten zu gehen, und kaum eigene Spielkameraden hatte." Erst in der Pubertät habe sie sich langsam aus dieser engen Bindung heraus befreien können, sie habe sehr vieles heimlich gemacht (allerdings mit Zustimmung des informierten Vaters), aber in dieser Zeit sehr starke Schuldgefühle gehabt, „und manchmal habe ich gekotzt, weil ich mich so elend fühlte". (Die Patientin berichtet von mehreren Vorfällen körperlicher Übelkeit oder Unwohlsein, wie Bauchschmerzen, Kopfschmerzen etc. nach derartigen heimlichen Ausflügen.)

Nach dem Abitur habe sie erst eine Lehre begonnen, dann jedoch später Sprachen studiert. Während des Studiums sei es ihr gelungen, sich etwas stärker vom Elternhaus bzw. der Mutter zu distanzieren.

Ihren Ehemann habe sie ebenfalls während des Studiums kennengelernt und 1979, „gerade als ich mein Examen hatte und meine erste Referendarstelle antreten wollte, wurde mein Sohn geboren". In dieser schwierigen Zeit sei ihre Mutter wieder voll eingesprungen: Während sie selbst, die Patientin, beruflich sehr stark beansprucht gewesen sei, habe die Mutter den Sohn praktisch mehr oder weniger alleine großgezogen. „Da ich nur eine Stelle in Koblenz bekommen habe und deshalb zwischen Köln und Arbeitsstelle hin- und herpendeln musste." Wohl auch mitbedingt durch räumliche Distanz und Überlastung sei schließlich auch die Ehe zerbrochen und 1981 geschieden worden.

Ca. zwei Jahre später habe sie ihren derzeitigen Freund kennengelernt, mit dem sie selbst jedoch anfangs nicht habe zusammenziehen wollen: „Ich war wohl ein gebranntes Kind durch meine Ehe." In späteren Jahren hätte sie selbst sich eine engere Beziehung gewünscht, „aber dann merkte ich, dass er sich vereinnahmt fühlte, sodass wir uns dann trennten, wieder zusammenkamen, später noch mal trennten und wieder zusammenkamen, und inzwischen sind wir beide ganz zufrieden mit zwei Wohnungen".

Als besonders traumatisches Erlebnis schildert die Patientin, dass ihr Sohn zwei Jahre zuvor an einer schweren Lungenentzündung erkrankt sei, von der er sich lange Zeit nicht erholt habe.

Sie selbst, die Patientin, sei kurz nach der schweren Erkrankung des Sohnes an einer langwierigen Grippe mit anschließender Stimmbandentzündung und Rückenproblemen (Bandscheibe) erkrankt, weshalb sie im Frühjahr dieses Jahres stationär habe behandelt werden müssen.

3. Psychischer Befund

Die Patientin wirkt sportlich und jugendlich und in keiner Weise klagsam: Auch sehr belastende Lebensereignisse (Tod des Vaters, Krankheit des Sohnes) werden von ihr trotz sichtbarer physiologischer Erregung in einem eher lockeren, distanzierten Ton geschildert, sodass man sieht, die

Patientin ist um Haltung bemüht und will sich nicht gehen lassen. Im Rahmen der probatorischen Sitzungen konnte diese überstark selbstbeherrschende Haltung ein wenig gelockert werden.
Die Patientin erschien voll orientiert und bewusstseinsklar, und es ergaben sich weder Hinweise auf mnestische Störungen noch auf psychopathologische Symptome im engeren Sinne oder suizidale Tendenzen.
Im SCL-90-R zeigt die Patientin stark erhöhte Werte in den Skalen Somatisierung, Zwanghaftigkeit, Depressivität und Ängstlichkeit.

4. Somatischer Befund

Siehe Konsiliarbericht und weitere Anlagen.

5. Verhaltensanalyse

Die vielfältigen körperlichen Symptome (Stimmbandentzündung, Rückenschmerzen ...) wurden ursprünglich bedingt durch „handfeste" körperliche Erkrankungen, wie etwa eine schwere Grippe (auslösend für die Stimmbandentzündung) bzw. Bandscheibenvorfall etc. Das Andauern der Störungen, auch nach der monatelangen stationären Behandlung (Klinikaufenthalt vom 17.01. bis 18.03.03), wird jedoch ärztlicherseits auch auf psychische Faktoren zurückgeführt, wobei die Patientin selbst einen deutlichen Zusammenhang schildert zwischen psychischen Belastungen (Mutter, Sohn, Hektik am Arbeitsplatz etc.) und der Zunahme einer vielfältigen Symptomatik.
Aus der Biographie der Patientin kann schon früh abgeleitet werden eine Neigung zu Konflikten in der Dimension Nähe/Bindung vs. Selbstbestimmung. Die Schilderung von kindlichen Ängsten und Anklammern an die Mutter (z.B. Ängste vor dem Kindergarten) und hinterher die konfliktreiche Lösungsphase in der Pubertät (ebenfalls mit körperlichen Symptomen) ist auch heute noch aktuell in der Mutterbeziehung. Die vertrauensvolle Beziehung zum Vater, der die Autonomiewünsche der Tochter förderte und stützte, bewirkte dabei, dass aus der Patientin keine durchgängig ängstliche und abhängige Persönlichkeit wurde. Auch die berufliche Entwicklung zeigt, dass die expansiven Kräfte der Patientin jeweils eine dominante Stellung hatten im Gesamtgefüge der Persönlichkeit – allerdings mit der Belastung eines überstarken Perfektionismus, der seinerseits mit Ursache ist für Verspannungen und Versagensängste.
Unmittelbare Auslöser für die komplexe Symptomatik, wie sorgenvolles Grübeln, physiologisches Arousal mit Verspannung und Schmerz, sind insbesondere Anforderungen, die von außen an die Patientin gestellt werden (Beruf, Mutter etc.) bzw. diesbezügliche Antizipationen. Hiermit verbundene Schlafstörungen bieten Raum für gesteigertes sorgenvolles Grübeln mit anschließender Müdigkeit am Tage, was insgesamt zu einer Steigerung der Versagensängste führt. Derartige Ängste bewirken ihrerseits eine Verstärkung körperlicher Verspannung und Schmerzen, die dann wieder Rückwirkung haben auf die Leistungsfähigkeit der Patientin, sodass sich hier eine Abwärtsspirale zu bilden droht.

6. Diagnose

Anhaltende somatoforme Schmerzstörung vor dem Hintergrund eines körperlichen Störungsbildes (ICD-10-Nr.: F45.4).

7. Therapieziele und Prognose

Das Hauptziel der therapeutischen Intervention besteht in einer Reduktion der Intensität und Auftretenshäufigkeit von körperlichen Schmerzzuständen und Störungen (Stimmbandentzündung, Tinnitus).
Die hierzu mit bedingenden Versagensängste und depressiven Affekte sollen gemildert werden und, so weit möglich, abgebaut werden zugunsten effizienter Problemlösestrategien (z.B. im Hinblick auf den Umgang mit der Mutter).
Die Patientin steht derzeit unter einem hohen Leidensdruck und ist sehr gut zur Behandlung motiviert. Im Rahmen der probatorischen Sitzungen gelang es ihr schrittweise, Störungsursachen besser zu identifizieren bezüglich der nicht lösbaren Probleme. Es kann deshalb insgesamt bezüglich einer Linderung des Beschwerdebildes von einer ausreichend günstigen Prognose ausgegangen werden.

8. Behandlungsplan

Zur Erreichung der definierten Ziele sollen vordringlich folgende Teilziele angestrebt werden bzw. Techniken zur Anwendung kommen:

- Aufbau einer differenzierten Selbstwahrnehmung zur Identifikation von Bedingungszusammenhängen mittels Self-Monitoring.
- Erarbeitung und Fortschreibung der Verhaltensanalyse mit dem Ziel, den Zusammenhang zwischen auslösenden Bedingungen, kognitiven Strukturen und Symptomverhalten aufzuzeigen.
- Vermittlung eines plausiblen Erklärungsmodells unter Einbeziehung der Ergebnisse aus der Self-Monitoring-Phase sowie anamnestisch bedeutsamer Faktoren, wobei hier insbesondere zu berücksichtigen ist das Konfliktfeld zwischen Bindung und Abhängigkeit einerseits sowie der Autonomiebestrebungen andererseits.
- Verbesserung der Problembewältigungskompetenz insbesondere bezüglich des Umgangs mit der Mutter, wobei die Patientin derzeitig schwankt zwischen einem Übermaß an eigener Aktivität mit dem Resultat einer gereizten, aggressiven Haltung der Mutter gegenüber, was in Folge zu Schuldgefühlen führt mit einem erneuten Übermaß an Aktivität etc.
- Reorganisation des Arbeitsalltages mit dem Ziel, dort so weit als möglich Hektik herauszunehmen und Ruhephasen einzubauen – evtl. auch mit einer besseren Abgrenzung gegenüber Überforderung durch Vorgesetzte und Mitarbeiter (Die Patientin kann schlecht „Nein“ sagen.).
- Strukturierung des Tagesablaufs unter Berücksichtigung euthymer Aktivitäten sensu Lutz mit dem Ziel einer Verbesserung der Verstärkerbilanz. Hierzu soll, falls möglich, auch der Partner kurzfristig einbezogen werden.

- Zur Dämpfung physiologischer Erregung und zur Verbesserung der Regeneration (Schlaf) sollen Entspannungsverfahren eingeübt werden (PMR sensu Jacobson) – teilweise unter Einbeziehung imaginativer Techniken (sensu Lazarus) mit Zeitprojektion zum Aufbau positiver Zukunftserwartungen.

Geplant sind 45 Einheiten Verhaltenstherapie in Einzelsitzungen, die üblicherweise in wöchentlichem Abstand gegen Ende in gedehnter Behandlungsfrequenz durchgeführt werden sollen.

Köln, den ...

Unterschrift

Stempel

④ Bericht an den Gutachter zum Antrag auf Beihilfe

Patienten-Chiffre F xx xx 50

0. Angaben zur Person

Herr S. stellte sich im Dezember 2007 auf Anraten seiner Hausärztin vor und bat darum, eine ambulante Psychotherapie aufnehmen zu können.

1. Symptomatik

Der Patient klagt über panikartige Angstzustände mit Druckgefühl in der Brust und „Zucken im Bauch und Schwindel". Er habe dies zuletzt mehrfach beim Autofahren erlebt „in Staus, wo ich denke, hier komme ich nicht raus. Ich habe dann ein starkes Gefühl zu versagen und denke: ‚Du bist ein Armleuchter.'" Der Gedanke an diese Ängste belaste ihn sehr stark, sodass er inzwischen mehr und mehr unter Konzentrationsstörungen leide.
Derartige Angstzustände seien erstmals 1979 aufgetreten, nach der Geburt seiner Söhne, im Zuge des Hausbaus und in der Zeit, als er auf sein Ingenieursdiplom hingearbeitet habe. Der Arzt habe eine „vegetative Dystonie" diagnostiziert und ihm Benzodiazepine verschrieben, „die ich aber nur ein paar Tage lang genommen habe, weil ich davon müde wurde und einen Unfall gebaut habe".
Ängste habe er auch in Situationen, in denen er sich gefangen fühle, wie etwa bei Busreisen, in Tunnels oder in Schlangen an Supermarktkassen. Bei sozialen Anforderungen (beruflich oder privat), insbesondere bei Begegnungen mit Menschen, die er als Autorität erlebe, fühle er sich oft im Übermaß nervös und gestresst und es befremde ihn, in welchem Maße er Abschiedsschmerz erlebe, wenn seine Frau oder eines seiner Kinder etwa eine kurze Reise antrete: „Ich habe dann ein ganz ganz tiefes Gefühl von Traurigkeit und könnte weinen – völlig unmännlich."

2. Anamnese

Der Patient schildert eine sehr bedrückende Kindheitssituation: als Einzelkind in einem kleinen Dorf im Bergischen Land, der Vater Fliesenleger, die Mutter ewig kränkelnd – beide offenbar verbittert und ohne Herzlichkeit füreinander oder für das einzige Kind. „Meine Mutter war faul, streitsüchtig und unsauber. Sie klagte ständig über ihr Herz oder über ihre Beine, und die Hausarbeit blieb liegen, sodass mein Vater brüllte, wenn er abends nach Hause kam." Obwohl er selbst, der Sohn, sich von früh an bemüht habe, so gut es ging, den Haushalt in Ordnung zu bringen – „Ich spülte, räumte auf und machte sogar die Wäsche" –, habe er vom Vater immer nur gehört: „Du wirst mal genauso." Von anderen Kindern habe ihn die Mutter ferngehalten, „die taugen alle nichts, sodass ich meist für mich alleine gespielt, gebastelt und Häuschen gebaut habe".
Der Patient berichtet viele Beispiele bezüglich der Strenge der Eltern und der Launenhaftigkeit der Mutter, die ihn häufig in den dunklen Keller gesperrt habe, bzw. dass der Vater ihn noch in der Pubertät vor anderen Menschen gedemütigt und verprügelt habe. Trotzdem habe er „wohl in über-

starkem Maße an meinen Eltern gehangen". Auch bei einer Trennung im Alter von ca. zehn Jahren habe er zum Beispiel unter Heimweh gelitten – „dasselbe Gefühl, das ich auch heute bei Abschiedsszenen habe" –, und die Krebserkrankung und den späteren Tod seines Vaters (als der Patient 16 war) habe er bis heute noch kaum verwunden.
Er selbst habe nach der Schule eine dreijährige Lehre als Groß- und Außenhandelskaufmann absolviert, 1969 die Prüfung mit Auszeichnung bestanden und sei danach in den öffentlichen Dienst gewechselt. Dort habe er sich weitergebildet, Prüfungen absolviert für den gehobenen Dienst und schließlich nach dreieinhalbjähriger Zusatzausbildung in Köln das Verwaltungsdiplom erlangt und arbeite heute für das Landesamt für Gesundheitsschutz.
Seine Ehefrau, eine gelernte Anästhesieschwester, habe er anlässlich eines kurzen Krankenhausaufenthaltes kennengelernt, sie sei seine erste Beziehung gewesen, und 1978 geheiratet. Seine Frau komme aus einem sehr liebevollen Elternhaus und sei wesentlich selbstbewusster und entspannter als er. 1982 und 1983 seien die beiden Söhne geboren und 1989, als Nachzügler, der dritte Sohn. Der Patient schildert ein harmonisches Familienleben.
1984, nach der Geburt der ersten beiden Söhne, habe man ein eigenes Haus gebaut, dies während der Phase, „als ich jeden Morgen ganz früh aufstehen musste, um nach Köln zu fahren für das Verwaltungsdiplom". In dieser Zeit seien zum ersten Mal Panikattacken aufgetreten, und er habe Angst gehabt vor einem Herzinfarkt. Ärztlicherseits habe jedoch kein pathologischer Befund festgestellt werden können („vegetative Dystonie"), und der Arzt habe ihm Beruhigungspillen verschrieben. Die hierdurch bedingten Konzentrationsstörungen hätten ihn derartig erschreckt, dass er die Medikation nach wenigen Tagen abgesetzt und einen Kurs gebucht habe, um Autogenes Training zu erlernen. Die Ängste seien auch in den Folgejahren immer einmal wieder aufgetaucht, aber erst im Frühjahr dieses Jahres derartig heftig geworden mit Schwindel und Konzentrationsstörungen, dass er deswegen erneut eine Ärztin aufgesucht habe. Diese habe ihm zur Psychotherapie geraten.

3. Psychischer Befund

Der Patient ist ein sportlich wirkender Mann mit selbstsicherem humorvollem Auftreten und offen im Kontaktverhalten. Erst bei etwas größerer Vertrautheit zeigt sich eine eher depressive Seite, die besonders deutlich wird bei Schilderungen seines Elternhauses oder bei der Beschreibung von Abschiedsszenen.
Der Patient erschien voll orientiert und bewusstseinsklar. Er verfügt über gute intellektuelle Fähigkeiten und emotionale Differenziertheit. Es ergaben sich weder Hinweise auf mnestische Störungen noch auf inhaltliche oder formale Denkstörungen oder suizidale Tendenzen.
Die testpsychologischen Befunde sprechen für eine erhöhte Neigung zu Ängsten und Unsicherheit sowie eine mäßige Depression (SCL-90-R; BDI).

4. Somatischer Befund

Außer üblichen Kinderkrankheiten, Masern und Windpocken, 1976 einen Bänderriss. Der Patient ist Nichtraucher, kein Alkohol- oder Drogenmissbrauch. Ansonsten siehe Konsiliarbericht.

5. Verhaltensanalyse

Als Vulnerabilitätsfaktoren sind hier zu vermuten ein sensibel reagierendes Nervensystem (O), wahrscheinlich auch aufgrund kindlicher Deprivationserfahrungen (unsicher gebundenes Kind im Sinne von Ainsworth). Hierfür spricht auch das eher anklammernde Verhalten an die Eltern, das der Patient beschreibt, sowie die starken Verlust- und Verlassenheitsängste (R), die der Patient auch bei aktuellen Abschiedsszenen (S) empfindet. Die launische, zu harten Strafen neigende Mutter bewirkte offenbar eine Konditionierung zur Überbesorgtheit und zum Perfektionismus bei der Arbeit, die in Kombination mit hoher Intelligenz Voraussetzung waren für eine Leistungsfähigkeit, die dem Patienten eine steile berufliche Karriere aus eigener Kraft ermöglichte. Eine ähnliche Wirkung erzielte der Vater dadurch, dass er den Jungen teilweise sogar in der Öffentlichkeit verächtlich machte („Du bist genauso wie deine Mutter."), was sich einerseits als Ansporn auswirkte, dem Vater das Gegenteil zu beweisen, andererseits jedoch auch der Sorge Vorschub leistete, „nur ja nicht irgendwo in der Öffentlichkeit unangenehm aufzufallen".
Die ersten Panikattacken wurden 1984 ausgelöst, als der Patient durch Hausbau und Fortbildung besonders belastet war. Für dieses Frühjahr lassen sich bisher keine speziellen Belastungsfaktoren psychischer Art finden. Wahrscheinlicher Auslöser ist ein Lagerungsschwindel, der zur Verunsicherung führte und seinerseits den „Teufelskreis der Angst" mobilisierte.
Auslösend auf der Mikroebene sind heute im Wesentlichen Erwartungsängste im Sinne der „Angst vor der Angst" (**S** kognitiv), bei denen sich der Patient „in Situationen festgenagelt fühlt, dass ich nicht entrinnen kann oder dass Leute mich dabei beobachten". Bei der Antizipation derartiger Situationen tritt ein körperliches Arousal (**R** physiologisch) ein, das vom Patienten im Sinne der Symptomatik interpretiert wird, mit der Folge steigender Angst (**R** emotional). Auf kognitiver Ebene kommen sofort Gedanken auf wie: „Ich bin ein Versager, ich bin ein Schlappschwanz" etc. (**R** kognitiv), in denen offenbar kindliche Vorstellungen aktualisiert werden. Durch zunehmende Vermeidung (**R** motorisch) derartiger Situationen sinkt die Erregung (¢–, kurzfristige negative Verstärkung) stabilisiert sich das Symptomverhalten mit Neigung zur Generalisierung (langfristige negative Konsequenz).

6. Diagnose

Panikstörung (ICD-10-Nr.: 41.0) bei dysthymer Persönlichkeitsakzentuierung.

7. Therapieziele und Prognose

Übergeordnete Therapieziele sind eine Reduktion der Panikanfälle, der Abbau phobischer Ängste und eine Verbesserung der Bewältigungskompetenz depressiver Affekte.
Prognostisch ungünstig ist die sehr tief verwurzelte Unsicherheit des Patienten, der dazu neigt, körperliche Dysfunktionen als Versagen zu erleben und verächtlich zu machen. Hierdurch besteht eine Neigung zur Dekompensation sowohl in sozialen Belastungssituationen als auch bei körperlichen Erkrankungen oder Fehlfunktionen (Lagerungsschwindel). Prognostisch günstig sind die grundsätzliche Vitalität und Intelligenz des Patienten, die es ihm ermöglicht haben, sein Leben insgesamt sehr erfolgreich zu gestalten. Angesichts der Neigung der Störung zur Generalisierung

ist der Patient derzeitig sehr stark behandlungsmotiviert, sodass von einer ausreichend günstigen Prognose ausgegangen werden kann.

8. Behandlungsplan

Zur Erreichung der formulierten umfassenderen Therapieziele sollen vordringlich folgende Teilziele angestrebt werden bzw. Techniken zur Anwendung kommen:

- Etablierung eines vertrauensvollen Arbeitsbündnisses durch sachkundige Exploration der Symptomatik und einfühlsame ressourcenorientierte Anamneseerhebung.
- Aufbau einer differenzierten Selbstwahrnehmung zur Identifikation von Bedingungszusammenhängen mittels Self-Monitoring.
- Erarbeitung und Fortschreibung der Verhaltensanalyse mit dem Ziel, den Zusammenhang zwischen auslösenden Bedingungen, kognitiven Strukturen und Symptomverhalten aufzuzeigen.
- Vermittlung eines plausiblen Erklärungsmodells unter Einbeziehung der Ergebnisse aus der Self-Monitoring-Phase sowie anamnestisch bedeutsamer Faktoren, wobei hier insbesondere zu betonen sind die frühen Konditionierungen zu Verlassenheits- und Versagensängsten und zu physiologischer Erwartungsspannung.
- Psychoedukative Methoden bezüglich der evolutionär adaptiven Funktion der Angststörungen „Preparedness“ und individuelle Disposition, Funktion von Stress und Selbstbeobachtung (Teufelskreismodell sensu Margraf & Schneider), Zwei-Faktoren-Modell der Angst (nach Mowrer) etc.
- Kognitive Umstrukturierung dysfunktionaler Annahmen bezüglich körperlicher Missempfindungen und Erhöhung der diesbezüglichen Stresstoleranz.
- Erstellung einer Angsthierachie und Ausarbeitung von Plänen zur gestuften oder massierten Reizkonfrontation (Hyperventilationstest, Übungen in Kaufhäusern, Bussen, Bahnen etc.).
- Methoden zur Verbesserung der allgemeinen Stressbewältigungskompetenz zur Absenkung des Erregungsniveaus sowie zur Verbesserung der Selbstwirksamkeitserwartung.
- Spezielle kognitive Techniken zur Identifikation und Veränderung dysfunktionaler Annahmen bezüglich der eigenen Person sowie Förderung positiver Selbstbewertungen (Verdeutlichung der aktuellen Funktion der väterlichen Abwertung).
- Zur Dämpfung physiologischer Erregung und zur Verbesserung der Regeneration (Schlaf) sollen Entspannungsverfahren eingeübt werden (PMR sensu Jacobson) – teilweise unter Einbeziehung imaginativer Techniken (sensu Lazarus) mit Zeitprojektion zum Aufbau positiver Zukunftserwartungen.
- Die letzte Phase der Therapie soll bei gedehnter Behandlungsfrequenz der Stabilisierung und der Rückfallprophylaxe dienen. Der Schwerpunkt soll hier auf Selbstmanagement-Techniken (sensu Kanfer) liegen.

Geplant sind 40 Einheiten Verhaltenstherapie in Einzelsitzungen, üblicherweise in wöchentlichen Abstand, gegen Ende der Behandlung in gedehnter Frequenz.

Köln, den ... Unterschrift Stempel

⑤ Bericht an den Gutachter

Patienten-Chiffre C xx xx 79

0. Angaben zur Person

Der 28-jährige Student bewohnt eine kleine Wohnung am Studienort und verbringt Wochenende und Freizeit üblicherweise im Elternhaus.

1. Symptomatik

Herr C. klagt über Zwangsgedanken und Zwangshandlungen. Der Zwang sei „schleichend“ wiedergekommen und habe sich „breitgemacht“. Bestimmte Zwangsgedanken und -handlungen beschäftigten ihn in ca. 14-tägigen Episoden wechselweise, jedoch ohne Pause und täglich wieder. Begonnen habe der Zwang mit der Aufnahme des Studiums. Es sei eine schleichende Entwicklung gewesen. Er habe sich bereits vor zwei Jahren in unserer Praxis in Behandlung befunden. Der Vorbehandler hatte inzwischen die Praxisgemeinschaft verlassen. Die Zwänge seien identisch mit denen, die er auch zuvor schon erlebt habe.
Vor allem beschäftigten ihn Zwangsgedanken, sexuell abnorm zu sein: So frage er sich oftmals, ob er kleine Kinder oder Tiere sexuell erregend finden könne. Ebenso habe er Angst, durch sexuell besetzte Gedanken an andere Frauen die Beziehung zu seiner Freundin moralisch zu entwerten. Es reiche, dass er eine andere Frau sehe und sie attraktiver finde als seine Partnerin. Oftmals könne er sich auch nicht von dem Gedanken lösen, ob er eine seiner Exfreundinnen noch lieben könne und das moralisch verwerflich sei. Durch diese Gedanken entwerte er zudem bestimmte Leistungen im Studium. Er habe den Erfolg dann nicht mehr verdient. Er finde es befremdlich und teilweise erschreckend, solche Gedanken zu haben, und erlebe sie durchgängig als ich-fremd und absurd sowie extrem quälend. Im Kontext dieser Gedanken komme es zu Vermeidungsverhalten und Kontrollritualen. Zudem meide er gezielt den Kontakt zu jüngeren Mädchen und Tieren sowie entsprechenden anderen Reizen (Zwangshandlungen).
Ein weiterer wichtiger Zwangsbereich sei das Autofahren. Er habe oft die Befürchtung durch unsachgemäßen Gebrauch einen Schaden an einem Fahrzeug hinterlassen zu haben, der dann zu einem Unfall führen könne, an dem er schuld sei. So komme es zu umfangreichen Kontrollen, wenn er mit einem Auto gefahren sei, um eine vermeintliche Gefahr abzuwenden. Auch dies erlebe er als unsinnig und quälend.

2. Lebensgeschichtliche Entwicklung und Krankheitsanamnese

Der Patient berichtete, bislang niemals ernsthaft körperlich erkrankt gewesen zu sein. Geburtskomplikationen habe es, so weit er wisse, nicht gegeben, wobei er nicht ausschließen könne, dass er nichts davon erfahren habe.
Herr C. gab an, nur sehr wenig Alkohol (ab und zu am Wochenende und dann nur wenig), kein Nikotin und keine Drogen zu konsumieren. Medikamente nehme er nicht regelmäßig ein. Er ha-

be eine Zeit lang auf ärztliche Anordnung Fluoxetin eingenommen. Er habe jedoch keine Besserung feststellen können und das Medikament wieder abgesetzt.
Herr C. ist mit einer um zwei Jahre älteren Schwester bei seinen Eltern, einem Orchestermusiker und einer Hausfrau, aufgewachsen. Seine Mutter habe an Depressionen gelitten. Sie sei deswegen sehr oft nicht zu Hause, vermutlich in stationärer Behandlung gewesen. Innerhalb der Familie sei nicht viel darüber gesprochen worden. Sie habe sich, als der Patient 16 Jahre alt gewesen sei, erhängt. Sein Vater habe immer gesagt, dass Kinder dies nicht verstehen könnten und er es ihnen später erklären würde. An Zwängen habe sie seinem Wissen nach nicht gelitten. Weitere psychische oder schwere körperliche Erkrankungen innerhalb der engeren Familie, so Herr B., seien ihm nicht bekannt.
Über Kindheit und Jugend bis hin zum frühen Erwachsenenalter habe er immer viele Bekannte und einige Freunde gehabt. Er habe bis zum Abitur in einer Fußballmannschaft gespielt. Dort sei er ebenfalls sozial gut eingebunden gewesen. Heute habe er drei sehr gute Freunde. Der Kontakt leide durch seine Zwangserkrankung, da er sich oft nicht öffnen könne und versuche, seine Ängste zu verstecken, was diese noch verstärke. Im Gespräch wurde deutlich, dass Herr C. Freundschaft wenig eng fasst. So gebe es z.B. niemanden außer seiner Freundin, der über die Inhalte einiger seiner Zwangsgedanken Bescheid oder nur ansatzweise von seinen Problemen wisse.
Nach dem Abitur, das er mit gutem Erfolg und ohne Schwierigkeiten erreicht habe, habe er beschlossen, Jura zu studieren. Dies sei immer der Traum seines Vaters gewesen, der damit angefangen habe, dann jedoch Lehrer geworden sei. Er hingegen habe überlegt, Lehrer zu werden, und sich dann für Jura entschieden. Seine Entscheidungen habe dieser meist mit dem Satz, „Du solltest das so machen, wie du es richtig findest“, kommentiert. Oft habe ihn dies verunsichert, aber er habe sich nie getraut, noch mal zu fragen. Nun stehe er vor dem Examen und habe große Sorge, der Zwang könne ihn derart behindern, dass er die Prüfungen nicht schaffe.
Herr C. berichtete, in einem sehr behüteten, finanziell und sozial gut gestellten Elternhaus aufgewachsen zu sein. „Wie aus heiterem Himmel“ habe sich seine Mutter, als er 16 Jahre alt gewesen sei, durch Erhängen das Leben genommen. Seine Kindheit sei, abgesehen vom Suizid der Mutter, recht unspektakulär verlaufen. Er erinnere sie als glücklich. Es versetze ihn heute in Erstaunen, aber der Tod seiner Mutter habe ihn nicht bestürzt, sondern bis heute fast unberührt gelassen. Er könne sich nicht erklären, weshalb dies so sei. Möglicherweise habe es an dem wenig engen Verhältnis zwischen ihm und seiner Mutter, auch bedingt durch ihre häufige Abwesenheit, gelegen.
Zu seiner älteren Schwester (+2) habe er ebenfalls ein gutes Verhältnis. Als Kinder seien sie sich nicht besonders nah gewesen, heute träfen sie sich, wenn sich die Gelegenheit ergebe. Das komme etwa alle vier bis sechs Monate vor, meist im Kontext von Besuchen bei ihrem Vater. In Zusammenhang mit seiner Familie fühle er sich jedoch häufig auch unsicher. So habe er etwa die Befürchtung, sich über Geschenke nicht genügend freuen zu können.
Im Alter zwischen 15 und 19 Jahren sei er ein eher impulsiver, risikobereiter Mensch gewesen und habe Zwänge nicht gekannt. Mit 15 habe er auch erste, unkomplizierte Beziehungen zu Mädchen gehabt. Sexualität habe er mit 17 Jahren zunächst als etwas Angenehmes kennengelernt. Er habe seit zwei Jahren eine feste Freundin, „die ansatzweise von meinen Zwangsgedanken und Problemen weiß“ und zu der er auch eine sexuelle Beziehung unterhalte. Heute beeinträchtige der Zwang ihn diesbezüglich massiv.

3. Psychischer Befund

Herr C. wirkte im Erstgespräch extrem angespannt und unsicher. Er antwortete jedoch direkt und ausführlich auf Fragen. Im Verlauf der ersten Stunden gewann er an Sicherheit, blieb jedoch recht misstrauisch. Immer wieder entstand der Eindruck, er wolle etwas berichten, könne sich aber nicht überwinden. Mehrfach betont er, Vertrauen fassen zu müssen, bevor er sich öffne.
Herr C. wirkte affektiv gut differenziert. Die intellektuelle Leistungsfähigkeit des Patienten war als sehr gut einzuschätzen. Psychotisches Erleben wurde im Kontakt weder sichtbar noch aus Gegenwart oder Vergangenheit berichtet. Die Zwangsimpulse waren durchgängig ich-dyston und quälend für den Patienten. Sie konnten von wahnhaftem Erleben im Kontext einer paranoid-halluzinatorischen Psychose gut abgegrenzt werden. Trugwahrnehmungen wurden vom Patienten weder berichtet, noch ließ sein Verhalten auf das Vorliegen solcher schließen. Ebenso wenig fiel Herr C. durch andere Denkstörungen auf. Sein Gedankengang war durchgehend geordnet und ohne logische Brüche oder andere Auffälligkeiten.
Selbstmordgedanken habe er niemals gehabt. Ebenso wenig habe er Suizidabsichten oder -impulse verspürt.

4. Somatischer Befund

Siehe Konsiliarbericht.

5. Verhaltens- und Bedingungsanalyse

Makroanalyse

Auszugehen ist bei Zwangsstörungen von dispositionellen Faktoren, wofür auch die schwere psychische Erkrankung der Mutter spricht (genetische und gehirnorganische Faktoren im Bereich der Basalganglien). Psychische Prozesse, wie die häufige krankheitsbedingte Trennung von der Mutter, das depressionsbedingte Klima im Elternhaus sowie schließlich der sehr schockierende Suizid könnten mit Ursache sein für eine erhöhte Neigung zur Intrapunitivität, für Schuld- und Versündigungsideen, die Inhalt sind der Zwangsthematik.

Mikroanalyse

S: *Die Symptomatik wurde aktuell ausgelöst durch:* **(1)** z.B. näheren körperlichen Kontakt zu jüngeren oder etwa gleichaltrigen, vorzugsweise für sein Empfinden attraktiven Frauen oder auch Tieren; **(2)** z.B. Autofahrten; es finden Verschiebungsprozesse statt, sodass sich weitere potentielle Stimuli formulieren ließen.

O: *Psychologisch:* Individuelle Lerngeschichte: problematische Autonomieentwicklung bzw. von Unsicherheit geprägte Entwicklungsgeschichte; Wunsch nach Sicherheit; Defizite der Selbstregulation (s.o.).

Biologisch: eventuell angeborene oder erworbene Disposition in entsprechenden Regionen des ZNS.

R: *Kognitiv:* Verschiedene aufdringliche Gedanken, denen katastrophisierende Bedeutung beigemessen wurde und die Zwangscharakter bezogen auf neutralisierende Handlungen bzw. Gedanken besaßen (z.B. „Wenn ich den Gedanken schon habe, dann könnte ich pädophil sein"; „Ich muss besonders aufpassen"; „Der Gedanke alleine ist Sünde").

Physiologisch: Starke innere Anspannung und Unruhe; starkes Schwitzen, Zittern.

Emotional: Starke Anspannung, Unsicherheit, Ängste bis hin zu Panik, „Discomfort".

Behavioral: Flucht und Vermeidung; verschiedenartige neutralisierende Handlungen (Zwangsrituale), insbesondere Kontrollzwänge.

K: Vermeidungsverhalten und neutralisierende Handlungen wurde kontinuierlich belohnt (negative Verstärkung durch Spannungsreduktion).

$C_{kurzfristig}$: **(1)** Spannungsreduktion durch Vermeidungsverhalten **(¢–)**; **(2)** Zwangsrituale und Zwangsgedanken führten kurzfristig zu Erleichterung **(¢–)**.

$C_{langfristig}$: **(1)** Unzufriedenheit mit sich selbst, da Patient von sich funktionale Bewältigungsstrategien erwartete; Beeinträchtigung bei der Lebensführung; Leidensdruck; Gefühl der Demütigung **(C–)**; **(2)** Hilf- und Hoffnungslosigkeit, da sich die auslösenden Bedingungen nicht veränderten **(C–)**; **(3)** Verschlechterung der Paarbeziehung durch „Ehrlichkeit" **(C–)**; **(4)** Bedeutsamkeit der Zwangsinhalte nahmen zu **(C–)**.

6. Diagnostische Einordnung der vorliegenden Störung

Zwangsgedanken und -handlungen, gemischt (ICD-10-Nr. F 42.2).

7. Therapieziele und Prognose

Übergeordnete Therapieziele sind eine Reduktion des zwanghaften Grübelns und der zwanghaften Vermeidungshandlungen und eine Erhöhung der Selbstsicherheit und Lebensqualität – auch im Hinblick auf Arbeitsfähigkeit und Partnerschaft.
Prognostisch ungünstig ist die starke Chronifizierung sowie die allgemein bei Zwangsstörungen zu beobachtende Zähigkeit der Symptomatik, die hier wesentliche Lebensbereiche überwuchert hat. Positiv zu bewerten ist die sehr gute Einsichtsfähigkeit und Therapiemotivation des Patienten, sodass insgesamt von einer ausreichend günstigen Prognose auszugehen ist.

8. Behandlungsplan

Zur Erreichung der formulierten umfassenden Therapieziele sollen vordringlich folgende Teilziele angestrebt werden bzw. Techniken (teilweise weiter) zur Anwendung kommen:

- Etablierung eines vertrauensvollen Arbeitsbündnisses durch sachkundige Exploration der Symptomatik und einfühlsame ressourcenorientierte Anamneseerhebung.
- Aufbau einer differenzierten Selbstwahrnehmung zur Identifikation von Bedingungszusammenhängen mittels Self-Monitoring.

- Erarbeitung und Fortschreibung der Verhaltensanalyse mit dem Ziel, den Zusammenhang zwischen auslösenden Bedingungen, kognitiven Strukturen und Symptomverhalten aufzuzeigen.
- Vermittlung eines plausiblen Erklärungsmodells unter Einbeziehung der Ergebnisse aus der Self-Monitoring-Phase sowie anamnestisch bedeutsamer Faktoren, wobei hier besonders herauszuarbeiten ist der jeweilige Anstieg der Zwänge in allgemeinen Belastungssituationen.
- Verschiebung der Problemdefinition weg von inhaltlichen Überlegungen hin zu den darunterliegenden Gedanken und den Unruhe- sowie Angstgefühlen. Hierzu boten sich kognitive Techniken aus dem Manual von Lakatos und Reinecker an.
- Psychoedukative Vermittlung von Basisinformationen zur Erklärung der Zwänge orientiert am Manual von Lakatos und Reinecker. Anpassung des Modells an das individuelle Verhalten und Erleben des Patienten mittels geleiteten Entdeckens.
- Kognitive Vorbereitung von Expositionsübungen orientiert an Vorschlägen von Lakatos und Reinecker.
- Durchführung von In-vivo-Expositionen mit Reaktionsverhinderung, wie von Lakatos und Reinecker empfohlen bereits recht früh im Verlauf. Ziel war die Löschung von Vermeidungsverhalten und Neutralisierungen. Die Ergebnisse der Expositionsübungen sollten in der jeweils nachfolgenden Sitzung bearbeitet und genutzt werden. Im weiteren Verlauf Fortführung und Ausbau der Konfrontationsübungen mit einem Fokus auf selbstgesteuerten Übungen. Eingebunden werden sollten hier die Thematisierung der im Kontext der Übungen neben Ängsten eventuell aufkommenden Emotionen (z.B. Enttäuschung, Wut, Trauer etc.) sowie daraus abgeleitet entsprechende funktionale Verhaltensweisen im Umgang mit den Gefühlen.
- Zur Dämpfung physiologischer Erregung und zur Verbesserung der Regeneration (Schlaf) sollen Entspannungsverfahren eingeübt werden (PMR sensu Jacobson) – teilweise unter Einbeziehung imaginativer Techniken (sensu Lazarus) mit Zeitprojektion zum Aufbau positiver Zukunftserwartungen.
- Die letzte Phase der Therapie soll, bei gedehnter Behandlungsfrequenz, der Stabilisierung und der Rückfallprophylaxe dienen. Der Schwerpunkt soll hier auf Selbstmanagement-Techniken (sensu Kanfer) liegen.

Geplant sind 45 Einheiten Verhaltenstherapie in Einzelsitzungen, die üblicherweise in wöchentlichem Abstand, Konfrontationsübungen teilweise als Doppelsitzungen, gegen Ende in gedehnter Behandlungsfrequenz durchgeführt werden sollen.

Köln, den ...

Unterschrift

Stempel

⑥ Bericht an den Gutachter zum Antrag auf Langzeittherapie

für Patienten-Chiffre O xx xx 79

0. Angaben zu Person

Die 25-jährige MTA lebt in einer festen Beziehung und kommt auf Überweisung ihres Psychiaters.

1. Symptomatik

Die 25-jährige Patientin kommt aufgrund massiver und aktuell täglich mehrfach auftretender Ängste und drängender Sorgen zur Therapie. Sie habe aufgrund der Beeinträchtigungen durch die Symptome beschlossen, dass sie etwas unternehmen müsse. Sie berichtet, 2001 etwa sechsmal bei einem Psychiater zu Gesprächen gewesen zu sein. Dieser habe dann jedoch gesagt, dass sie bei ihm nicht richtig sei. Medikamente habe er ihr nicht verschrieben.
Frau O. berichtet, schon immer ein sehr ängstlicher und unsicherer Mensch gewesen zu sein. Seit November 2004 jedoch hätten sich die Ängste deutlich verstärkt, und dieser Zustand sei für sie unerträglich. In Zusammenhang mit einem konkreten Ereignis könne sie das Auftreten der Symptome nicht bringen.
Die Ängste erlebe sie meist „wie aus heiterem Himmel". Sie fahre gemeinsam mit ihrem Freund Auto und bekomme Angst. Sie denke dann plötzlich darüber nach, dass sie einen Unfall haben könnten, und könne sich von dieser Sorge nicht distanzieren. Sie beginne in solchen Situationen zu zittern, zu schwitzen, werde sehr nervös, habe Schwindelgefühle, Herzklopfen und fühle sich benommen. Ihr Magen schmerze dann auch häufig. Oftmals beurteile sie solche Angstsituationen im Nachhinein als normale Alltagssituationen. Auch tragische Ereignisse und Unglücke, über die im Fernsehen oder im Bekanntenkreis berichtet würde, machten ihr sehr zu schaffen. So sorge sie sich dann schnell um andere Menschen oder um ihre eigene Sicherheit („Wenn mir so etwas passieren würde!"). Allein das Geräusch eines Martinshorns genüge bisweilen, um Ängste auszulösen. Dies sei vor allem so, wenn sie ohnehin unter erhöhtem Stress stehe (z.B. am Arbeitsplatz).
Ebenso leide sie verstärkt unter sozialen Ängsten, vor allem am Arbeitsplatz. Bisweilen setze sie sich zudem unter massiven Leistungsdruck, dass sie nicht mehr voll leistungsfähig sei. Dies erlebe sie als besonders schwierig, da die Angst genau das auslöse, wovor sie sich fürchte, nämlich Fehler zu machen. Sie bekomme dann auch oft Magenschmerzen und Durchfälle.
Zudem bemerke sie seit etwa vier Monaten Einschlafstörungen, verstärkte Grübelneigung sowie eine erhöhte Empfindlichkeit gegenüber komplexeren Reizsituationen. Ihr ohnehin niedriges Selbstwertgefühl sei nahezu ganz verschwunden.

2. Lebensgeschichtliche Entwicklung und Krankheitsanamnese

Über Geburtskomplikationen sei ihr, so die Patientin, nichts bekannt. Insgesamt sei sie ein phantasievolles und verspieltes, aber auch sehr ängstliches Kind gewesen. Sie berichtet, als Jugendliche eher untergewichtig gewesen zu sein. Heute wiege sie bei 1,60 m etwa 65 kg.
Frau O. gibt an, weder zu Rauchen noch andere Drogen zu konsumieren oder jemals konsumiert zu haben. Alkohol werde sehr selten konsumiert. Wegen einer Funktionsstörung der Schilddrüse nehme sie täglich 50 mg Euthyrox ein. Sie sei wegen dieser Störung in fachärztlicher Behandlung.
Psychische oder schwere somatische Erkrankungen innerhalb der Familie seien ihr nicht bekannt, über die Gesundheit ihres Vaters wisse sie jedoch nicht viel.
Die Patientin ist Einzelkind und entstammt einer jugoslawischen Einwandererfamilie. Die Patientin beschreibt ihre Mutter als gutmütige Frau, die immer hilfsbereit sei. Früher sei sie sehr ängstlich gewesen, heute sei dies anders.
Zu ihrem 60-jährigen Vater, von dem sich die Mutter getrennt habe, habe sie kaum Kontakt. Sie habe ihn als cholerischen, aggressiven Menschen kennengelernt. Oft habe er Wutausbrüche gehabt und sie und ihre Mutter geschlagen. Vor allem wenn sie etwas nicht verstanden habe, habe er sie auf den Kopf geschlagen. Auf dem Gipfel seiner Aggressivität habe er sogar damit gedroht, sie und ihre Mutter umzubringen. Kurz darauf, 1988 (9 Lj. der Patientin), sei es zur Trennung ihrer Eltern gekommen, ein wichtiger Einschnitt, so die Patientin.
Die Patientin berichtet, die Realschule mit der mittleren Reife abgeschlossen zu haben und im Anschluss eine Ausbildung zur MTA. Ihre Leistungen dort seien durchschnittlich aufgrund mangelnder Ausdauer gewesen. Zudem sei sie recht zwanghaft in Bezug auf bestimmte Aufgaben gewesen. („Ich wollte nur gerade Linien mit dem Lineal zeichnen. Nur das hat mir Spaß gemacht.")
In Schule und Ausbildung habe sie massive Prüfungsängste gehabt, jedoch die Prüfungen immer bestanden. Aktuell machten ihr die Ängste im Beruf sehr zu schaffen. Oft habe sie das Gefühl, ihr strenger autoritärer Chef zweifle an ihren Fähigkeiten. Frage er nach, so fühle sie sich sehr leicht angegriffen und beginne, sich zu verteidigen.
Die Patientin berichtet, seit zehn Jahren in einer festen Beziehung zu leben. Sie sei sehr glücklich mit ihrem Partner. Sie planten beide, bald zu heiraten und eine Familie zu gründen. Das Einzige, was sie diesbezüglich belaste, sei, dass sie unter der Woche aufgrund ihrer Arbeitszeiten nur wenig Zeit füreinander hätten. Ihrem Lebensgefährten erzähle sie oft nichts von ihren Problemen, da sie ihn nicht belasten oder die Beziehung gefährden wolle. („Er darf es nicht merken.")
Bezogen auf andere soziale Beziehungen gebe es, so Frau O., vor allem gemeinsame Freunde mit ihrem Lebensgefährten. Eine beste Freundin in dem Sinne gebe es nicht, das sei ihre Mutter. Oftmals genieße sie es, Dinge in ihrer Freizeit allein zu machen („dann quatscht mir keiner rein"). Sie habe auch in ihrer Kindheit und Jugend keine intensiven Freundschaften gepflegt.

3. Psychischer Befund

Die Patientin zeigt im Anfangskontakt starke Aufregung. Sie wirkt gepflegt. Sie ist wach, klar und vollständig orientiert. Gedächtnis und Aufmerksamkeitsfunktionen scheinen unbeeinträchtigt. Der Antrieb scheint leicht gesteigert. Im Kontakt wirkt sie unruhig und agitiert. Im Zuge der pro-

batorischen Sitzungen gelingt es der Patientin jedoch gut, einen vertrauensvollen Kontakt aufzubauen, wobei sie kaum ruhiger wird.
Die Patientin scheint insgesamt affektiv gut differenziert. Ihre Intelligenz ist als mindestens durchschnittlich zu bewerten. Psychotisches Erleben wird weder aus der Vergangenheit berichtet noch aktuell sichtbar. Suizidgedanken oder -absichten hätten niemals bestanden.

4. Somatischer Befund

Siehe Konsiliarbericht.

5. Verhaltensanalyse

Makroanalyse

Zur Erklärung des Problembildes kann allgemein das Vulnerabilitäts-Stress-Modell herangezogen werden. Die Symptomatik kann als Folge einer zu niedrigen Emotionstoleranz in Bezug auf negative Affekte sowie eines zu hohen Bedürfnisses nach Harmonie und Kontrolle bzw. Sicherheit betrachtet werden. Dies mag als Grundlage eine biologische Vulnerabilität im Sinne eines überdurchschnittlichen Spannungs- und Unruheerlebens haben. Folge ist, dass die Patientin vegetative Erregungszustände erlebt, die, so scheint es im Bericht, erst in der Folge als Ängste bewertet und situativ rückgekoppelt werden (im Sinne der Herstellung von Konsistenz, Kausalität und letztendlich Kontrolle). Konditionierungsprozesse und Schemabildung haben offenbar zur Folge gehabt, dass bereits das Erleben von Spannung zum Auslöser für Ängste wird. Dies generalisierte offenbar auf verschiedene Lebensbezüge, vordergründig den Arbeitsplatz. Insgesamt entwickelte sich so in Kombination mit weiteren angstfördernden Entwicklungsbedingungen eine besonders gute Aufmerksamkeit für Gefahrenreize.
Eine psychologische Vulnerabilität lässt die Entwicklungsgeschichte der Patientin vermuten. Sie wurde mit Kontrollverlust in Bezug auf den gewalttätigen Vater konfrontiert. Heute kollidieren die früheren Gefühle und die so entstandene Beziehung mit ihrem Harmoniebedürfnis. Weder Vater noch Mutter boten funktionale Modelle im Umgang mit Angst.
Ausgelöst wurde die Angststörung vermutlich durch die zunehmend stressbeladene Lebenssituation der Patientin und anstehende, subjektiv bedrohliche Veränderungen (konflikthafte Anforderungen in der Partnerschaft, erhöhte Belastung am Arbeitsplatz etc.). Eine wichtige Rolle spielen hier kognitive Faktoren: Es scheint wichtiger, welche negativen Ereignisse möglich und nicht welche wahrscheinlich sind. Zuletzt tragen die niedrige Kompetenzerwartung sowie die Tatsache, dass sie sich selbst nur wenige Ressourcen und Fertigkeiten zuschreibt, zur Aufrechterhaltung der Störung bei.

Mikroanalyse

S: **(1)** Spannungen und konflikthafte Situationen am Arbeitsplatz (z.B. Anforderungen des Chefs); **(2)** Veränderungen in subjektiv wichtigen, bisher stabilen Lebensbezügen (z.B. Partnerschaft).

O: **(1)** psychologisch: **(a)** frühe Lerngeschichte der Patientin war von Angst und Vermeidung geprägt, nicht ausreichender Erwerb sozialer Kompetenzen (Disposition); **(b)** dysfunktionales Bedürfnis nach Harmonie und Kontrolle; **(c)** extremer Perfektionismus bis hin zu Zwanghaftigkeit im Sinne von Persönlichkeit; **(2)** *biologisch:* Evtl. erhöhte Sensibilität des Nervensystems als biologischer und möglicherweise genetischer Faktor.

R: *Verhaltensebene:* **(1)** Vermeidung durch Rückzug (Flucht) oder Passivität infolge der Situationsbewertung (s.u.); **(2)** viele Aktivitäten werden bewusst alleine gemacht, um Konflikte mit anderen zu vermeiden.

Emotionale Ebene: **(1)** Erleben übermäßiger Spannung, Angst und Unsicherheit; **(2)** mangelhafte emotionale Abgrenzung gegenüber anderen; **(3)** Angst, Schwäche zu zeigen („Weinen ist unangemessen"); **(4)** Angst vor Veränderung bei gleichzeitigem Wunsch danach (z.B. bezogen auf Familie).

Kognitive Ebene: **(1)** Gedankliche Exzesse und ausgeprägte Sorgen („Ich denke so lange über Sachen nach, bis ich mich nicht mehr traue"; „Ich suche nach Fehlern, die ich eventuell gemacht haben könnte, obwohl es eigentlich keinen Anlass gibt"); **(2)** Dysfunktionaler Wunsch nach symbiotischer Beziehung mit Freund (ähnlich der Beziehung zur Mutter); **(3)** Wunsch nach Sicherheit und Harmonie; **(4)** Aktivierung dysfunktionaler Kognitionen wie „ich schaffe es nicht"; **(5)** Interpretation emotionaler Zustände als Angst.

Biologische Ebene: **(1)** Unruhe und Anspannung; **(2)** Oberbauchbeschwerden; **(3)** Schwitzen, Zittern, Schwindel etc.

K: Die Patientin reagiert durchgängig mit Vermeidung auf das Auftreten von Spannung und negativen Affekten im zwischenmenschlichen Kontakt mit nicht-engen Bezugspersonen (v.a. im Beruf).

C kurzfristig: **(1)** Ausbleiben oder Reduktion von Spannung und Ängsten durch Vermeidung **(¢–)**; **(2)** Gewinn von Kontrolle durch Attribution der Unruhe und Spannungszustände **(¢–)**; **(3)** Herstellung von Sicherheit durch Konstanthalten der Lebenssituation und Wegschieben von Veränderungswünschen **(¢–)**.

C langfristig: **(1)** Bestätigung der Selbstsicht: ich bin verletzbar; ich schaffe es nicht allein **(C–)**; **(2)** Unzufriedenheit, da sie Situationen nicht gemäß ihren Vorstellungen bewältigen kann **(C–)**; **(3)** Gefährdung der Stabilität gerade durch Vermeidung bzw. ihre Konsequenzen.

6. Diagnose

Generalisierte Angststörung bei ängstlich-vermeidender Persönlichkeitsakzentuierung (ICD-10-Nr. F41.1).

7. Therapieziele und Prognose

Übergeordnete Therapieziele sind eine Dämpfung der überhöhten physiologischen Erregung sowie eine Reduktion der ständigen angstbesetzten Grübeleien und eine Erhöhung des Selbstvertrauens in Bezug auf die eigene Problembewältigungskompetenz.
Prognose: Die Angstsymptomatik der Patientin fußt auf einer ängstlich-vermeidenden Persönlichkeit und entwickelte sich lebensgeschichtlich bereits recht früh auf einem entsprechenden Bindungshintergrund. Entsprechend bildeten sich Kompetenzprobleme, die zusätzlich zur Angstsymptomatik zu berücksichtigen sind. Günstig scheint, dass die Patientin über gute soziale sowie intellektuelle Ressourcen verfügt. Zudem zeigt sie eine hohe Verbindlichkeit und Bereitschaft, sich auf die Therapie einzulassen.

8. Behandlungsplan

Zur Erreichung der formulierten, umfassenderen Therapieziele sollen vordringlich folgende Teilziele angestrebt werden bzw. Techniken zur Anwendung kommen:

- Etablierung eines vertrauensvollen Arbeitsbündnisses durch sachkundige Exploration der Symptomatik und einfühlsame ressourcenorientierte Anamneseerhebung.
- Aufbau einer differenzierten Selbstwahrnehmung zur Identifikation von Bedingungszusammenhängen mittels Self-Monitoring.
- Erarbeitung und Fortschreibung der Verhaltensanalyse mit dem Ziel, den Zusammenhang zwischen auslösenden Bedingungen, kognitiven Strukturen und Symptomverhalten aufzuzeigen.
- Vermittlung eines plausiblen Erklärungsmodells unter Einbeziehung der Ergebnisse aus der Self-Monitoring-Phase sowie anamnestisch bedeutsamer Faktoren, hier insbesondere die erhöhte Vigilität und Bedrohungsorientiertheit, die durch die belastende familiäre Situation konditioniert wurde.
- Kognitive Therapie der GAS nach Margraf und Becker (2003); Sokratische Gesprächsführung, Einsatz von Realitätsprüfungen und Entkatastrophisieren; Entwicklung eines handlungs-, übungs- und ressourcenorientierten Prozedere (Sorgenkonfrontation in sensu und in vivo); Vereinbaren von Verhaltensübungen als Hausaufgaben; Evaluation und Bewertung der Ergebnisse während der Therapiestunden sowie Vereinbaren von neuen Übungen. Konsequente positive Verstärkung des Erreichten; Analyse und Veränderung ihrer dysfunktionalen Kognitionen in Bezug auf Zukunft und Partnerschaft.
- Ausbau der sozialen Kompetenzen im Umgang mit Konflikten und der Regulation von Anspannung. Langfristig soll dadurch vor allem eine bessere Anpassung in verschiedenen Lebensbezügen (z.B. am Arbeitsplatz) erreicht werden. Zum Einsatz kommen Techniken des ATP nach Ullrich und Ullrich sowie des Skill-Trainings nach Linehan; insbesondere Korrek-

tur dysfunktionaler Annahmen im Kontakt mit anderen; Entwicklung funktionaler Kognitionen und Umsetzung entsprechender Handlungsmöglichkeiten; Arbeit mit Gedanken- und Emotionsprotokollen; Verhaltensplanung, -übung und -evaluation; Selbstinstruktionstraining.

- ➢ Verbesserung der kommunikativen Fertigkeiten zum Ausdruck und zur Mitteilung eigener Emotionen und Bedürfnisse. Zum Einsatz kommen Techniken des Kommunikationstrainings nach Schulz von Thun.
- ➢ Zur Dämpfung physiologischer Erregung und zur Verbesserung der Regeneration (Schmerzdämpfung) sollen Entspannungsverfahren eingeübt werden (PMR sensu Jacobson) – teilweise unter Einbeziehung imaginativer Techniken (sensu Lazarus) mit Zeitprojektion zum Aufbau positiver Zukunftserwartungen.
- ➢ Die letzte Phase der Therapie soll, bei gedehnter Behandlungsfrequenz, der Stabilisierung und der Rückfallprophylaxe dienen. Der Schwerpunkt soll hier auf Selbstmanagement-Techniken (sensu Kanfer) liegen.

Geplant sind 45 Einheiten Verhaltenstherapie in Einzelsitzungen, die üblicherweise in wöchentlichem Abstand, gegen Ende in gedehnter Behandlungsfrequenz durchgeführt werden sollen.

Köln, den ...

Unterschrift

Stempel

⑦ Antrag zur Umwandlung in Langzeittherapie

Patienten-Chiffre N xx 81

0. Angaben zur Person

Die 26-jährige MTA lebt in fester Partnerschaft und kommt auf Überweisung ihres Internisten.

9. a) und b) Begründung für Kurzzeittherapie und Umwandlung

Kurzzeittherapie wurde beantragt zur schnellen Krisenintervention bei erheblichem Untergewicht. Sie diente auch dazu, die Bereitschaft der Patientin für eine eventuell notwendige stationäre Behandlung aufzubauen, sowie zur Überprüfung einer langfristig geplanten Indikation für eine ambulante Therapie.

9. c) (Siehe am Ende des Berichts)

1. Aktuelle Symptomatik zu Beginn der Behandlung

Die 23-jährige Patientin beschreibt eine Essstörung und klagt über depressive Verstimmungen. Nach einer stark übergewichtigen Phase habe sie mit 14 Jahren begonnen, kontinuierlich abzunehmen (Diätieren und Erbrechen). Sie ernähre sich mittlerweile fast nur von leichtem Obst und Salat, kontrolliere ihr Gewicht zwanghaft (BMI = 15). Teilweise komme es zu Heißhungerattacken, die sie durch Erbrechen zu kompensieren versuche. Sie wisse, wie ungesund das „Hungern“ sei, dennoch könne sie nicht davon ablassen. Sobald ihr Magen etwas Nahrung in sich habe, fühle sie sich „fett und eklig“ und habe „Angst, dass alles wieder so wird wie früher“. Im Spiegel sehe sie sich manchmal ganz dürr, „dann finde ich das Skelett vor mir abstoßend“, dann aber betrachte sie bestimmte Körperstellen und finde diese „zu fett“. Die Patientin klagt über Verdauungsstörungen und Magenbeschwerden, durch das starke Untergewicht sei sie häufig müde, habe Konzentrationsschwierigkeiten, stehe unter einer „ständigen Anspannung und Unruhe“. Teilweise komme es zu Schwächeperioden mit Schwindel und Kopfschmerzen.
Mit ihrer Arbeitssituation sei sie sehr unzufrieden, auch verfüge sie nur über „ein sehr geringes Selbstbewusstsein“. Sie fühle sich häufig sehr einsam, teilweise habe sie Suizidgedanken, insgesamt falle es ihr immer schwerer, sich zu amüsieren, sie schaffe es nicht mehr, ihren Haushalt zu führen, und auch mit ihrem Partner gäbe es, aufgrund ihrer Essstörung und ihrer Stimmungsschwankungen, einige Konflikte, sie habe Angst davor, er könne sich von ihr trennen.

2. Lebensgeschichtliche Entwicklung und Krankheitsanamnese

Die Patientin schildert ihre Herkunftsfamilie als „sehr hektisch, liebevoll und konfliktvermeidend. Wir hatten viel Harmonie, aber auch viel Leistungsdruck.“

Ihren Vater, einen erfolgreichen selbstständigen Geschäftsmann, schildert die Patientin als sehr ehrgeizig. Ihre Mutter, die in der Firma des Vaters mitgearbeitet habe, sei eine eher ruhige Frau, „fremden Leuten gegenüber voreingenommen“, zu der Patientin sei sie aber immer sehr liebevoll gewesen. Sie habe viel Zeit mit der Mutter verbracht, beide hätten sehr ähnliche Interessen gehabt, „wir haben viel zusammen unternommen“. Nur ab und zu habe es „mal Tadel gegeben“.
Viel Zeit habe die Patientin auch mit ihrer Oma verbracht, diese habe sich häufig, während die Eltern gearbeitet hätten, um sie gekümmert. Sie sei die Einzige gewesen, die nicht über das Gewicht der Patientin gemeckert habe, ihr im Gegenteil immer etwas „Gutes“ gekocht habe.
Ihre Schulzeit habe sie in schlechter Erinnerung. Schon früh habe sie, aufgrund ihres Übergewichts, Hänseleien über sich ergehen lassen müssen. Sie habe eine beste Freundin gehabt, die Freundschaft bestehe noch aktuell, dennoch habe ihr diese Tatsache die Schule nicht erleichtert. Sie habe sich vor den Mitschülern gefürchtet, sei mit Bauchschmerzen in die Schule gegangen, nur der Kunstunterricht habe Spaß gemacht. In der Realschule sei „alles noch schlimmer geworden“. Man habe sie beschimpft und bespuckt. Sie habe schon früh mit Rückzug und übermäßigem Essen reagiert, habe sich „fett und eklig“ gefühlt, und so habe sie ab 14 Jahren ihr Gewicht durch Erbrechen reguliert. Durch Diätieren und Erbrechen habe sie tatsächlich abnehmen können. „Ich war normalgewichtig und bekam sehr viel Lob dafür, ich hatte das Gefühl, endlich was zu leisten.“
Nach dem Realschulabschluss habe ihr Vater sie gedrängt, Grafikerin zu werden. Sie habe es ihm recht machen wollen, habe zwei Jahre lang eine Grafikschule besucht, die für sie eine Qual gewesen sei, „es fiel mir schwer, mit den anderen mitzuhalten“. Schließlich habe sie sich heimlich einen Ausbildungsplatz zur MTA gesucht. „Erst als ich den Platz hatte, habe ich mich getraut, es meinen Eltern zu sagen“, ihr Vater habe enttäuscht reagiert. Ihre neue Chefin habe sie gemobbt, „ich ging morgens mit Bauchschmerzen hin und kam abends weinend zurück“. In dieser Zeit habe sie sich vermehrt in das Abnehmen „reingesteigert“. („Ich habe kaum etwas gegessen, und sobald ich etwas im Magen hatte, kam ich mir fett vor, hatte Angst, wieder so dick zu werden wie früher.“) Eine neue Chefin habe sie schließlich auf das mittlerweile starke Untergewicht angesprochen und ihr geraten, die Lehre zu unterbrechen, um sich um sich selbst zu kümmern. Dies habe sie getan, habe sich 1999 für drei Monate in eine Klinik und 2000 noch einmal für sechs Monate in eine andere Klinik begeben. Mithilfe eines Sozialarbeiters habe sie sich dort entschieden, eine neue Ausbildung als MTA anzufangen, die sie schließlich auch abgeschlossen habe. Seitdem arbeite sie als MTA. Durch den Klinikaufenthalt sei es ihr zunächst besser gegangen. Sie habe nur leichtes Untergewicht gehabt, Diätieren und Erbrechen seien reduziert gewesen.
In der Zeit habe sie ihren ersten festen Partner kennengelernt, alles sei sehr harmonisch und schön gewesen. Sie sei mit ihm zusammengezogen, nach der ersten Verliebtheit seien ihr aber auch einige negative Seiten an ihm aufgefallen. („Er ist etwas träge, er spricht nicht so viel, manchmal hätte ich gerne ein bisschen mehr Zuwendung.“)
Während der letzten Wochen habe sie sich wieder „fett und eklig“ gefühlt, habe angefangen, wieder gezügelt zu essen, teilweise zu erbrechen. Durch Zuspruch ihres Freundes habe sie sich jetzt zu einer ambulanten Therapie entschlossen.

3. Aktueller psychischer Befund

Die auffallend schlanke Patientin wirkt sehr angespannt und verzweifelt. Ihre Hände wie auch ihr Haar sind spröde, weite Kleidung verhüllt ihren Körper. Beim Erzählen fängt die Patientin an zu weinen, ihr Leidensdruck ist deutlich spürbar. Bemerkbar ist, dass die Patientin sehr streng mit sich umgeht, sich schon für kleinste Fehler verurteilt. Die Suizidgedanken wurden exploriert, die Patientin kann sich von ihnen distanzieren. Nach anfänglichem Zögern kann sich die Patientin mehr und mehr öffnen. Die Konzentrationsschwierigkeiten können durch die Mangel- und Unterernährung erklärt werden, es ergaben sich weder Hinweise auf mnestische Störungen noch auf inhaltliche oder formale Denkstörungen.

4. Somatischer Befund

Siehe Konsiliarbericht. Es findet eine enge Zusammenarbeit mit dem überweisenden Arzt statt.

5. Verhaltensanalyse

Die Symptomatik äußert sich auf emotionaler Ebene in Form von Ängsten vorm Dicksein und davor, dem eigenen Leistungsanspruch (bzw. dem des Vaters) nicht gerecht zu werden, Stimmungsschwankungen, Traurigkeit und Unzufriedenheit, auf kognitiver Ebene in Form von Konzentrationsschwierigkeiten, „ständigen Selbstzweifeln und -abwertungen“ und insbesondere auf den Körper bezogenen, dysfunktionalen Kognitionen. Physiologisch berichtet die Patientin von innerer Anspannung, gastrointestinalen Schwierigkeiten, Müdigkeit mit Schwächeperioden und Kopfschmerzen, auf Verhaltensebene von Rückzug, Vernachlässigung von Haushalt und organisatorischen Dingen, Weinen, restriktivem Essen und bei „zu viel“ Essensaufnahme von Erbrechen.

Lebensgeschichtlich bedeutsam erscheint, dass die Patientin aufgrund ihres Übergewichts in der Kindheit schwerste Abwertungen von Mitschülern, Lehrern, aber auch durch ihren Vater, der sie immer wieder anhielt abzunehmen, erleiden musste. Hier entwickelte sich ein negatives Selbstbild mit nur geringem Vertrauen in die eigenen Fähigkeiten, depressiven Verstimmungen und dysfunktionalen Kognitionen wie: „Nur wenn ich schlank bin, bin ich etwas wert und die anderen werden mich mögen.“

Geborgenheit fand sie bei ihrer Oma, die sie vor allem mit „gutem Essen“ tröstete (operante Konditionierung: Essen als negative Verstärkung).

„Wie genau das angefangen hat mit meinen Schlankheitskuren, weiß ich nicht mehr, aber plötzlich fanden das alle sehr gut, und dann habe ich einen Feuereifer entwickelt.“ Durch positive Verstärkung sowie auch möglicherweise durch die Beteiligung von Endorphinen entwickelte sich eine Art Hochgefühl mit vermehrtem restriktivem Essen, schließlich Kontrollverlusten mit Fressattacken und anschließendem Erbrechen.

Auf der Mikroebene auslösend für restriktives Essen sind insbesondere Kognitionen wie „Du wirst immer dicker“, aber auch allgemeine Situationen von Verunsicherung, bei denen die Patientin hierdurch ein Gefühl von Kontrolle wiedererlangt (negative Verstärkung). Heißhungerattacken werden ausgelöst durch äußere Trigger (z.B. an einer Bäckerei vorbeigehen) oder ebenfalls durch Verunsicherung, bei denen Essen der Patientin ein Gefühl von Geborgenheit vermittelt (Modell der Großmutter, negative Verstärkung). Da dieses physiologische Gefühl der Geborgenheit nur kurzfristig besteht (kurzfristige negative Verstärkung), folgen langfristig Gefühle von Scham und Hilflosigkeit sowie die Angst vor Gewichtszunahme. Nachfolgend wird daraufhin wieder Sicherheit gesucht im restriktiven Essen. Auf diese Weise entsteht ein klassischer Teufelskreis.

6. Diagnose

Anorexia nervosa (ICD-Nr. F50.1);
mittelgradige depressive Episode (ICD-Nr. F32.1).

7. Therapieziele und Prognose

Das Hauptziel der therapeutischen Intervention liegt in der Reduktion des problematischen Essverhaltens und der depressiven Symptomatik. Dies soll weiterhin durch strukturierte Esstage, verbunden mit operanten Methoden (Belohnung und positiver Selbstverbalisation), durch Aufbau der Abgrenzungsfähigkeit (insbesondere zum teilweise schon verinnerlichten Leistungsdruck des Vater) und durch Ressourcenarbeit, um die Selbstwirksamkeitserwartung zu stärken, erzielt werden.
Prognostisch ungünstig ist das lange Bestehen der Erkrankung und die damit einhergehende starke Chronifizierung. Dennoch ist die Patientin motiviert, etwas an ihrem Zustand zu verändern, und die bisherige Therapie zeigt, dass sie änderungswillig und -fähig ist. Erste Erfolge bezüglich des Essverhaltens, aber auch der eigenen Selbstzweifel und -abwertungen, konnten bereits erzielt werden. Die therapeutische Beziehung ist vertrauensvoll, sodass insgesamt von einer ausreichend günstigen Prognose für eine weitere Linderung des Beschwerdebildes ausgegangen werden kann.

8. Behandlungsplan

Zur Erreichung der oben genannten Ziele sollen vordringlich folgende Teilziele angestrebt werden bzw. Techniken zur Anwendung kommen:

- Aufbau einer tragfähigen therapeutischen Beziehung sowie Förderung der Änderungsmotivation durch sachkundige Exploration der komplexen Symptomatik und einfühlsame ressourcenorientierte Anamneseerhebung.
- Aufbau einer differenzierten Selbstwahrnehmung zur Identifikation von speziellen Auslösern für restriktives Essen, Überessanfälle und depressive Einbrüche.
- Bedingungsanalytische Gespräche zur Erarbeitung eines Erklärungsmodells der auslösenden und aufrechterhaltenden Bedingungen sowie Vermittlung des Zusammenhangs von Verhalten, Kognitionen und Emotionen mithilfe der Analyse von Selbstbeobachtungs- und Essprotokollen. Eine ausgiebige Psychoedukation über gesundes und gestörtes Essverhalten und den möglichen Folgen soll der Patientin helfen, einen Überblick über ihre Störung zu gewinnen, und erste Einstellungs- und Verhaltensänderungen bewirken.

- Aufbau eines geregelten Essenverhaltens, Weiterführung der strukturierten Esstage, Erarbeitung von positiven Verstärkern, die die Patientin nutzen kann, um sich für ein gesundes Essverhalten und das Unterlassen von kompensatorischen Maßnahmen zu belohnen.
- Aufdecken und Bearbeiten kognitiver Schemata nach Beck (Protokollierung Schema inkompatibler Erfahrungen, prädiktives Tagebuch, Sokratischer Dialog und kognitive Umstrukturierung). Hierbei soll auch an der bestehenden Körperschemastörung sowie an der Fixierung des Selbstbildes auf das Gewicht („Nur wenn ich schlank bin, bin ich etwas wert") gearbeitet werden.
- Verbesserung der Problemlösekompetenz und der Abgrenzungsfähigkeit mithilfe eines gezielten Problemlösetrainings (D'Zurilla & Goldfried) zur Erlernung konstruktiver Umgangsweisen mit Frustration und Stress. Hier sollen auch Elemente des Stressimpfungs- und des Selbstverbalisationstrainings nach Meichenbaum zum Tragen kommen. Erhöhung der Selbstakzeptanz und der Selbstwirksamkeitserwartung durch Ressourcenarbeit und einem Aufbau positiver Verstärker.
- Zur Dämpfung physiologischer Erregung und zur Verbesserung der Regeneration (Schlaf, Dämpfung der Schmerzen) sollen Entspannungsverfahren eingeübt werden (PMR sensu Jacobson) – teilweise unter Einbeziehung imaginativer Techniken (sensu Lazarus) für den Aufbau einer positiveren Zukunftsperspektive.
- Die letzte Phase der Therapie soll, bei gedehnter Behandlungsfrequenz, der Stabilisierung und Rückfallprophylaxe dienen. Hierzu sollen Rückfallrisiken vorweggenommen und angemessene Bewältigungsstrategien erarbeitet werden. Der Schwerpunkt soll hier auf Selbstmanagement-Techniken nach Kanfer liegen.

9. c) Bisheriger Behandlungsverlauf und weitere geplante Maßnahmen

Zu Beginn der Therapie im Januar vergangenen Jahres lag neben Exploration und systematischer Verhaltensbeobachtung der Schwerpunkt der Behandlung auf Psychoedukation. Gemeinsam mit der Patientin wurden von ihr angefertigte Essprotokolle analysiert. Aufgrund der Symptome durch die Mangelernährung fand eine enge Kooperation mit dem Hausarzt statt. Obwohl die Patientin immer wieder hin und her gerissen erschien zwischen dem Gedanken „Ich bin zu fett und eklig" und „Ich bin nur noch ein Skelett und abstoßend", konnten mit der Patientin einige Ziele hin zu einer gesünderen Ernährung, aber auch mehr Selbstbewusstsein, verstärkter Abgrenzung zum Vater und einer Verbesserung in der beruflichen Situation und damit ihres Wohlbefindens erarbeitet werden.
Bezüglich der depressiven Symptomatik wurden wesentliche Ressourcen exploriert und ihre „inneren Kritiker" (ständige Selbstabwertungen und Perfektionismus) herausgearbeitet und hinterfragt. Die Patientin kann sich ansatzweise bereits von der eigenen Kritik und dem hohen Leistungsanspruch distanzieren. Durch empathische Gespräche und die Exploration automatischer Gedanken und der Hinterfragung durch kognitive Techniken konnte zum Teil ein Umdenken bewirkt werden.
Die Patientin selbst berichtet, sie erlebe sich während der letzten Wochen „etwas gelassener im Bezug auf meine Ängste wieder zuzunehmen". Es gelingt ihr inzwischen dreimal am Tag die ver-

abredeten Mahlzeiten zu essen und eine Gewichtszunahme (inzwischen BMI = 18) zu akzeptieren. Erbrechen, das zu Beginn der Behandlung beinahe täglich stattfand, kommt inzwischen nur noch sporadisch vor, zumeist nach Stresssituationen am Arbeitsplatz bzw. nach Auseinandersetzungen mit dem Partner.
Geplant sind weitere 20 Einheiten Verhaltenstherapie in Einzelsitzungen. Neben einer weiteren Verbesserung und Stabilisierung des Essverhaltens soll der Schwerpunkt liegen auf einer Verbesserung der beruflichen Kompetenz sowie (teilweise unter Einbeziehung des Partners) einer Klärung der partnerschaftlichen Beziehung. Die Termine sollen, so weit möglich, in wöchentlicher Frequenz durchgeführt werden.

Köln, den ...

Unterschrift

Stempel

⑧ Bericht an den Gutachter zum Antrag auf Verhaltenstherapie (KZT)

Patienten-Chiffre V xx 83

0. Angaben zur Person

Der 25-jährige ledige Patient wohnt allein, ist in der Ausbildung zum Kfz-Mechaniker und suchte auf Anraten des behandelnden Psychiaters die Behandlung auf.

1. Beschwerden, Zeitpunkt und Anlass der Symptombildung

Der Patient berichtet über eine seit ca. 2001 bestehende schizoaffektive Störung, derzeitig depressiv, mit Ruhelosigkeit, Fluchtreaktionen, Bedeutungs- und Entfremdungserlebnissen, Antriebslosigkeit, Freud- und Interessenverlust, Rückzug aus sozialen Kontakten, Selbstvorwürfen und Konzentrationsstörungen. Durch die neuroleptische derzeitige Medikation sei er zwar gut eingestellt, fühle sich aber oft unkonzentriert, antriebsschwach und überfordert. Es falle ihm schwer, für ihn belastende symptomverstärkende Situationen vorauszusehen, sodass es immer wieder zu psychotischen Rückfällen komme, „dann muss ich wieder in die Psychiatrie und fürchte, dass sich das nie ändern wird". Zuletzt sei er im Frühjahr 2008 in der Psychiatrie und seitdem immer wieder aufgrund psychotischer Frühsymptome krankgeschrieben gewesen.

2. Problemrelevante Angaben zur Vorgeschichte

Der Patient habe einen ebenfalls an Schizophrenie leidenden Onkel mütterlicherseits. Seine Mutter, eine PTA, habe ihn mit 21 J. zur Welt gebracht und ihr damaliger Mann (sein Vater), über den er nichts wisse, habe sie aufgrund dieser Schwangerschaft verlassen. Die alleinerziehende „kumpelhafte" Mutter sei mit den zwei Kindern, er habe eine ältere Schwester (+ 2 Jahre), überfordert und leicht depressiv gewesen, „so waren wir oft bei meiner Oma, die wie eine Mutter für mich ist". Die Mutter habe 1994 wieder geheiratet, und mit dem Stiefvater, einem Koch, seien sie häufig in Deutschland umgezogen, wobei „ich oft der Außenseiter in den Klassen war". Mit ca. 16 Jahren habe er recht exzessiv zu kiffen begonnen, um die „Realität zu verdrängen", habe sich aber zusehends depressiv gefühlt, und die schulischen Leistungen seien gesunken, sodass er vorläufig den Hauptschulabschluss gemacht und erst 2004 seine Fachoberschulreife nachgeholt habe. Ca. 2001 habe er einen Suizidversuch unternommen (Aufschneiden der Pulsadern) und sei daraufhin in eine geschlossene Kinder- und Jugendpsychiatrie eingewiesen worden. Die Ausbildung zum Kfz-Mechaniker habe er 2004 begonnen und immer wieder wegen erster auftretender psychotischer Symptome unterbrochen und habe die Werkstätten gewechselt. Seit 2006 sei er im jetzigen Betrieb, „ich merke aber, dass mir der Beruf nicht liegt, so suche ich nach etwas anderem". Die Zukunft sehe er wenig zuversichtlich, fürchte, die Erkrankung „nie besser in den Griff zu bekommen". Momentan habe er außer zur Mutter, zur Schwester und zur Oma keine weiteren Kontakte, ziehe sich zurück, gehe selten seinen Hobbys PC-Spielen und Spazieren nach, da ihm der Antrieb dazu fehle. Seine damalige Freundin habe ihn 2003 nach der erstmaligen Aufnahme in der Psychiatrie ver-

lassen, danach sei er noch zwei Mal stationär aufgenommen worden und habe 2004 durch die Tagesklinik Stabilität gewonnen, sodass er die Ausbildung habe beginnen können.
Es ergaben sich keine Hinweise auf einen Missbrauch oder eine Abhängigkeit von Medikamenten, Alkohol oder Drogen, er rauche ca. 1/2 Päckchen Tabak pro Tag. Letztmaliger Cannabiskonsum im Oktober 2007.

3. Psychische Symptomatik und psychischer Befund

Der 23-jährige Patient schildert deutlich angespannt und von den ihn umgebenden Einrichtungsgegenständen leicht ablenkbar seine derzeitigen Beschwerden. Einerseits wirkt der Patient konzentriert, beantwortet sehr offen und freundlich zugewandt die Fragen, mit vorhandener Affektschwingung, andererseits ist er deutlich motorisch gehemmt und spricht sehr langsam. Keine inhaltlichen oder formalen Denkstörungen oder mnestische Störungen. Der Patient besitzt eine durchschnittliche Intelligenz und emotionale Differenziertheit. Der Patient ist wach, orientiert und bewusstseinsklar. Der Patient verneint glaubhaft suizidale Handlungsimpulse oder -tendenzen.
T-Werte > 60 in den SCL-90-R-Skalen Depressivität, Psychotizismus, Unsicherheit im Sozialkontakt und phobische Angst.

4. Somatische Symptomatik und somatischer Befund

Siehe Konsiliarbericht.

5. Verhaltensanalytische Problemdefinition

Neben dem prädisponierenden genetischen Faktor, der sich anhand der beim Onkel mütterlicherseits vorkommenden Schizophrenie zeigte und wahrscheinlich mitverantwortlich ist für die Entwicklung der Störung des Patienten, scheint zudem bedeutsam die lerngeschichtliche Entwicklung des Patienten mit der überforderten Mutter, den vielen Umzügen, der dadurch mitbedingten Außenseiterposition und der Cannabisabhängigkeit. Der Patient erfuhr ungenügend positive Verstärkung für sein Verhalten, versuchte Aufmerksamkeit durch auffälliges Verhalten wie z.B. Stehlen, Suizidversuch zu bekommen. Die schizoaffektive Störung trat kurz vor dem Berufsabschluss des Patienten auf, wodurch er sich „gestresst gefühlt" habe. Dem Patienten gelingt es nicht, das Auftauchen von Stressoren (**S**) wie z.B. Konflikten und Überforderung am Arbeitsplatz wahrzunehmen, da dazu seine Problemsensibilität nicht ausreicht (**O**), sodass es zu Entfremdungserlebnissen (**R**) kommt, wodurch er sich den Konflikten nicht stellen muss (**C+**), aber gleichzeitig seine berufliche Zukunft ins Wanken bringt (**C–**), was u.a. die depressive Symptomatik verstärkt (**C–**).

6. Diagnose

Schizoaffektive Störung, derzeitig depressiv (ICD-10-Nr.: F25.1).

7. Therapieziele und Prognose

Die Behandlung versteht sich als Ergänzung zur psychiatrisch-medikamentösen. Das Ziel besteht in der Reduktion der Rückfallhäufigkeit und -intensität. Als übergreifende Therapieziele werden angestrebt: Sensibilisierung für Stressoren, die psychotische Symptome triggern, Steigerung der Problem-, Stress- und Konfliktbewältigungsmöglichkeiten, Senken von depressiven Verhaltens- und Denkmustern, Aufrechterhaltung der Cannabisabstinenz, Aufbau positiv verstärkender Beschäftigungen, berufliche Zukunftsplanung.
Aufgrund der Schwere der Symptomatik ist damit zu rechnen, dass sich Fortschritte nur durch kleinschrittiges und behutsames therapeutisches Vorgehen erreichen lassen. Als problematisch für die Prognose muss die bisher gezeigte ambivalente Therapiemotivation des Patienten genannt werden, so schaffte er es nicht, den angeforderten letzten Klinikbericht zu besorgen. Für die Behandlung positiv auswirken könnten sich die Offenheit, der Wille zur Veränderung, das bereits vorhandene Wissen über die Erkrankung und die Reflektionsfähigkeit des Patienten.

8. Therapieplan inklusive Begründung der Indikation und der wesentlichen Interventionen

Wesentliche Therapieziele und Interventionen:

- ➢ Etablierung eines vertrauensvollen Arbeitsbündnisses durch sachkundige Exploration der Symptomatik und einfühlsame ressourcenorientierte Anamneseerhebung.
- ➢ Psychoedukative Methoden bezüglich psychotischer Erkrankungen allgemein sowie Vermittlung eines individuellen Krankheitsmodells unter Einbeziehung lebensgeschichtlich relevanter Ereignisse und Stressoren wie Cannabiskonsum, berufliche Überforderung etc.
- ➢ Erarbeitung eines Frühwarnsystems, wobei der Patient angeleitet werden soll, Anzeichen der Exazerbation zu identifizieren, um künftige Prodromalsymptome rechtzeitig zu erkennen.
- ➢ Verbesserung der Problembewältigungskompetenz, auch bzgl. sozialer Konflikte oder von Stresssituationen gemäß D'Zurilla und Goldfried.
- ➢ Kognitive Umstrukturierung (sensu Beck) dysfunktionaler Kognitionen über die Unfähigkeit der eigenen Person, die ungewisse Zukunft und das Misstrauen gegenüber anderen Personen z.B. durch Sokratischen Dialog oder die Spaltentechnik von Hautzinger. Dadurch mehr Offenheit für soziale Kontakte, Aufgabe des Rückzugs und Aufbau positiver Aktivitäten, dabei Einsatz euthymer Strategien (sensu Lutz).
- ➢ Erarbeitung beruflicher Zukunftsperspektiven, die den Fähigkeiten des Patienten entsprechen, und deren Umsetzung.
- ➢ Zur Dämpfung physiologischer Erregung und der Verbesserung der Regeneration (Schlaf) sollen Entspannungsverfahren eingeübt werden (PMR sensu Jacobson) – teilweise unter Einbeziehung imaginativer Techniken (sensu Lutz) mit Zeitprojektion zum Aufbau positiver Zukunftserwartungen.

Es werden vorerst 25 Einheiten Verhaltenstherapie (50 Minuten) zur Überprüfung der Indikation einer Langzeittherapie im Einzelsetting beantragt.
Köln, den ... Unterschrift Stempel

⑨ Bericht zum Antrag einer privaten Krankenversicherung

(Diese Kasse schickte ein zweiseitiges Formular für den Bericht mit entsprechenden recht kurzen Antwortspalten)

Patienten-Chiffre W xx 65

1. Anlass und Symptomatik

Die Patientin klagt über starke Stimmungsschwankungen mit Depressionen (häufigem Weinen, Gewichtsverlust und Selbstwertproblematik) und heftige Erregungszustände mit Atemnot, Schlaf- und Essstörungen und (auto-)aggressiven Impulsdurchbrüchen. („Ich zerstöre Gegenstände oder haue mit den Fäusten gegen die Wand, dass es blutet.") Sie fühle sich außerstande, längere Beziehungen aufrechtzuerhalten, und leide in diesem Zusammenhang unter Einsamkeit und Insuffizienzgefühlen.

2. Verhaltensanalyse

Auszugehen ist zum einen von dispositionellen Faktoren im Sinne eines übersensibel reagierenden Nervensystems mit nur geringer Frustrationstoleranz. Hierfür sprechen sowohl familiäranamnestische Daten (Mutter manisch depressiv?) sowie auch vegetative Störungen, die sich schon in der Kindheit gezeigt haben („kränkliches Kind") mit Magen-Darm-Störungen bereits während der Schulzeit (siehe Punkt 3: Anamnese). Auslösend (auf der Makroebene) für depressive Krisen in der Vergangenheit waren insbesondere Erfahrungen von Missbrauch, Zurückweisen und Verlassenwerden, wobei die Patientin sich selbst „eine Mitschuld" zuschreibt.
Aktuell auslösend auf der Mikroebene sind neben derartigen privaten Enttäuschungen sowohl Situationen beruflicher Überlastung, „wo ich mich in die Enge getrieben fühle", als insbesondere auch kognitive Auslöser, „wenn ich alleine bin und mich als Außenseiter fühle".

3. Lebensgeschichtliche Entwicklung

Die Patientin beschreibt eine durch die Mutter überbehütete Kindheit als Einzelkind, wo es kaum möglich gewesen sei, Kinder mit nach Hause zu bringen oder draußen zu spielen.
Sie habe nie längere Freundschaften gehabt, „ich war ein Außenseiter". Dazu beigetragen habe möglicherweise ihre eher kränkliche Konstitution. Im Alter von circa fünf Jahren hätte eine Gruppe älterer Kinder sexuelle Spiele mit ihr veranstaltet, „was immer noch nachhängt". Mit drei Jahren Erkrankung an Meningitis, während der gesamten Schulzeit Magen-Darm-Erkrankungen mit Verdacht eines Morbus Crohn. Auch danach häufige neue Darmentzündungen mit Vernarbungen. Seit Mitte der 90-er Jahre Gangstörungen mit Verdacht auf MS, seither leichte Spastik der linken Körperhälfte „mit Tagesschwankungen auch je nach Erregungszustand".
Während Schul- und Berufslaufbahn insgesamt erfolgreich verlaufen seien, die Patientin arbeitet heute als Architektin bei einer größeren Baufirma, seien ihre Versuche, eine Partnerschaft aufzubauen, für sie mit großen Enttäuschungen verbunden gewesen.

4. Diagnose

Rezidivierende depressive Störung, gegenwärtige mittelgradige Episode mit somatischen Symptomen (ICD F33.11.). Testpsychologische Befunde sprechen für ein hohes Maß an physiologischer Erregung mit autoaggressiven Zügen.

5. Art und Umfang der geplanten Verhaltenstherapie

40 Einheiten Verhaltenstherapie in Einzelsitzungen gemäß Ziffer 870 (2,3-facher Satz). Prognostisch ungünstig sind die starke Chronifizierung und die biologische Mitbedingung der Störung. Die hohe Intelligenz und kritische Introspektionsfähigkeit der Patientin, die ihr eigenes Verhalten als ich-dyston erlebt, sowie auch ihre Veränderungsmotivation begründen jedoch insgesamt eine ausreichend günstige Prognose.

6. Behandlungsplan

Bedingungsanalytische Gespräche zur Erarbeitung eines Erklärungsmodells der auslösenden und aufrechterhaltenden Bedingungen der depressiv/aggressiven Störung. Vermittlung des Zusammenhangs von Verhalten, Kognition und Emotion mithilfe der Analyse konkreter Belastungssituationen. Im Rahmen einer kleinschrittigen kognitiven Umstrukturierung werden Elemente der Rational-emotiven Therapie nach Ellis zum Einsatz kommen. Weiterhin Planung und Durchführung allgemeiner positiver und sozialer Aktivitäten zur Verbesserung der Verstärkerbilanz sowie der Integration in soziale Systeme. Aufdecken und Bearbeiten kognitiver Schemata nach Beck (Kognitionsevozierung, Protokollierung Schema inkompatibler Erfahrungen, Sokratischer Dialog und kognitive Umstrukturierung der Selbstbewertung). Vertiefung und Erweiterung der Konfliktlösestrategien sowie der kommunikativen Kompetenz. Erhöhung der Selbstwirksamkeitserwartungen vor allem im Hinblick auf eigene Einflussmöglichkeiten zur Veränderung sozialer Situationen. Verbesserung der Problemlösekompetenz und Erhöhung der Frustrationstoleranz durch gezieltes Problemlösetraining. Einsatz von Elementen aus dem Skill-Training nach Linehan zur Verbesserung des Stress-Managements und Erhöhung der Belastbarkeit. Hierzu auch gezielte Einübung von Entspannungsmaßnahmen.

7. Anzahl der bereits ausgeführten Leistungen

Fünf Einheiten Verhaltenstherapie in Einzelsitzungen.

8. Datum des Therapiebeginns

xx. xx.xxxx

9. Anzahl der voraussichtlich insgesamt erforderlichen verhaltenstherapeutischen Leistungen

40 Einheiten Verhaltenstherapie in Einzelsitzungen anfangs in wöchentlicher, später in ausschleichender Frequenz.

Köln, den ...

Unterschrift

Stempel

⑨a) Bericht an den Gutachter zur Verlängerung der Verhaltenstherapie

Patienten-Chiffre W xx 65 (Dies ist die Beantragung der Verlängerung des Beispielfalles 9.)

1. Bisheriger Behandlungsverlauf

Die Behandlung wurde am xx.2006 aufgenommen und es wurden bisher ca. 35 Einheiten Verhaltenstherapie in Einzelsitzungen durchgeführt.
Die Patientin erschien pünktlich und regelmäßig zu den vereinbarten Sitzungen und zeigte ein sehr starkes Engagement im Rahmen der Sitzungen sowie auch bei der Durchführung vereinbarter Verhaltensübungen. Durch systematische Aufzeichnung von „Störstellen" (Situationen, in denen die Patientin das Gefühl hatte, „ich komme mit mir und anderen nicht zurecht") konnten maladaptive Schemata identifiziert werden, was als Grundlage diente zu Maßnahmen der kognitiven Umstrukturierung (sensu Ellis und Beck) sowie zur Entwicklung von Strategien für eine bessere Kommunikation mit ihrer sozialen Umwelt. Dies führte, insbesondere im Arbeitsbereich, zu einer deutlichen Entspannung und vermittelte der Patientin Erfolgserlebnisse sowie ein Gefühl von Selbstwirksamkeit und Kontrolle, was zur Reduktion depressiver Affekte beitrug.
Übungen zur Verbesserung der Affektkontrolle und Steuerung (angelehnt an DBT sensu Linehan) verbesserten die Sensibilität für aufsteigende Erregung, sodass es der Patientin immer besser gelang, hier durch rationale Kontrolle gegenzusteuern und inadäquate aggressive Impulse zu dämpfen und umzuleiten. Hierzu trugen auch Methoden zur Entspannung und Freizeitgestaltung (Euthyme Strategien sensu Lutz, PMR sensu Jacobson etc.) bei, sodass sich insgesamt die Stimmung verbesserte, depressive Einbrüche und Suizidphantasien (ohne konkrete Absichten, Vorsätze oder Versuche) inzwischen nur noch bei besonders starken Belastungen vorkommen.
Derartige Belastungen waren während der letzten beiden Jahre zum einen gegeben durch gesundheitliche Beeinträchtigungen (s. Vorbericht in der Anlage), insbes. durch eine schwere Grippe im November 2006, und zum anderen durch zwei weitere, sehr gravierende Enttäuschungen im Bereich der Partnersuche: Die Patientin, die sich zuvor diesbezüglich eher verkrochen hatte, folgte der Einsicht, „dass ich unter Menschen gehen muss, wenn ich jemand kennenlernen möchte", wobei sie durchaus anfangs Erfolge hatte – sicherlich auch aufgrund ihres guten Aussehens und der positiven Ausstrahlung in Anfangskontakten. Bei zwei zwischenzeitlichen Beziehungsabbrüchen reagierte die Patientin wieder mit sehr starken Gefühlsschwankungen (aggressiv-autoaggressiv-depressiv) und erheblichem Gewichtsverlust. Eine letzte derartige, als Zurückweisung erlebte Trennung erfolgte für die Patientin völlig überraschend kurz vor Weihnachten vor einem verabredeten gemeinsamen Urlaub, sodass die Patientin, der es bis dahin relativ gut ging (bei gedehnter Behandlungsfrequenz), wieder verstärkt um Termine nachsuchte.

2. Weitere geplante Maßnahmen

Geplant sind weitere 20 Einheiten Verhaltenstherapie in Einzelsitzungen. Ein Teil dieser Sitzungen wird derzeitig benötigt zur Krisenintervention, um den Rückfall aufzufangen. Für die Patientin (und auch für den Therapeuten) stellt sich derzeitig die Frage, „woran es liegt, dass Män-

ner mit mir nicht zurechtkommen". Die Patientin zeigt ein starkes Bedürfnis zur emotionalen Aufarbeitung ihrer missglückten Beziehungen mit dem Ziel, auch hier ein vertieftes Verständnis sowie eine bessere Selbstkontrolle zu erlangen.
Neben dieser speziellen Zielsetzung sollen die anderen Behandlungsstränge weitergeführt werden in Richtung einer Festigung allgemeiner sozialer Kontakte und des Ausbaues von Interessengebieten, die sie von männlicher Begleitung unabhängiger machen. Ca. die Hälfte der Sitzungen sollen verwandt werden zur Bewältigung der akuten Krise, wobei die Behandlungsfrequenz danach gedehnt werden soll, um der Patientin eine größere Selbstständigkeit bei der Anwendung von Copingstrategien zu ermöglichen zur schrittweisen Beendigung der Behandlung.

3. Prognose

Die Patientin zeigt weiterhin eine sehr hohe Motivation zu Mitarbeit und Veränderung. Die bisherige Verbesserung der Symptomatik ermutigt grundsätzlich zu einer ausreichend günstigen Prognose für eine weitere Stabilisierung. In Bezug auf Partnerschaften erscheint die Situation derzeitig jedoch sehr unsicher, sodass als Therapieziel diesbezüglich eine größere Unabhängigkeit angesteuert werden soll.

Köln, den ...

Unterschrift

Stempel

Heinz Liebeck & Rudi Merod (Hrsg.)

Verhaltenstherapeutische Fallberichte
für die Ausbildung
zum Psychologischen Psychotherapeuten/
zur Psychologischen Psychotherapeutin

2007
320 Seiten
EUR 24,80
ISBN 978-3-87159-067-2

Rudi Merod, Heinz Liebeck & Michael Borg-Laufs (Hrsg.)

Verhaltenstherapeutische Fallberichte
für die Ausbildung
zum Kinder- und Jugendlichentherapeuten/
zur Kinder- und Jugendlichentherapeutin

2008
496 Seiten
EUR 36,–
ISBN 978-3-87159-068-9

Diese Bücher enthalten eine Sammlung von Falldarstellungen, wie sie an verschiedenen Ausbildungsinstituten erfolgreich zu den Approbationsprüfungen nach der Ausbildungs- und Prüfungsverordnung für Kinder- und Jugendlichenpsychotherapeuten bzw. für Psychologische Psychotherapeuten von Ausbildungsteilnehmerinnen und Ausbildungsteilnehmern angefertigt worden sind.
Die Auswahl erfolgte nach den Hauptstörungsgruppen der ICD-10, Kapitel F.
Die Falldarstellungen entsprechen einem guten, aber nicht überhöhten Standard.
Zudem enthält das Buch Berichte zu Therapieanträgen, die alle von Gutachtern und Gutachterinnen angenommen und für gut befunden wurden.

Die beiden Sammlungen bieten die kompetente Hilfe sowohl für die Erstellung von Falldarstellungen für die Approbationsprüfungen als auch für die Anfertigung von Berichten bei Therapieanträgen.

dgvt-Verlag • Hechinger Straße 203 • 72072 Tübingen
Tel.: 07071 - 79 28 50 • Fax: 07071 - 79 28 51
E-Mail: dgvt-Verlag@dgvt.de • Internet: www.dgvt-Verlag.de